Hans Jörg Schrötter
Bettina Forst

EUROPA LEXIKON

Politik · Wirtschaft · Kultur
Zeitgeschichte

D1874437

BASTEI LÜBBE

Bastei-Lübbe Taschenbuch
Band 60268

Originalausgabe
© 1990 by Gustav Lübbe Verlag GmbH, Bergisch Gladbach
Printed in West Germany, Juni 1990
Einbandgestaltung: Klaus Blumenberg
Titelbild: Dirk Padberg
Satz: Fotosatz Froitzheim, Bonn
Druck und Bindung: Ebner Ulm
ISBN 3-404-60268-4

Der Preis dieses Bandes versteht sich einschließlich der gesetzlichen Mehrwertsteuer

Bettina Forst, M. A., Studium der Romanistik, Politikwissenschaft und Neueren Geschichte in Münster, Frankfurt, Paris und Bonn. Freie Mitarbeiterin der *Europäischen Zeitung;* anschließend europapolitische Referentin im Konrad-Adenauer-Haus. Seit 1989 in der politischen Öffentlichkeitsarbeit tätig.

Dr. iur. Hans Jörg Schrötter, Volljurist, Studium in Bonn, München, Genf und an der Akademie für Internationales Recht, Den Haag. Stage beim Europäischen Parlament in Luxemburg. Zahlreiche Veröffentlichungen mit internationalrechtlichem Bezug u. a. über die Direktwahl zum Europäischen Parlament. Als Referent im Bundesverkehrsministerium zwei Jahre lang zuständig für Europarecht und Angelegenheiten der EG. Seit 1987 Referent im Presse- und Informationsamt der Bundesregierung.

Vorwort

Europa – eine Idee macht Karriere: Das Streben nach Einigung und Zusammenarbeit in Europa hat in den letzten Jahren eine völlig neue Dynamik erhalten. Die Vision eines großen europäischen Marktes ohne Binnengrenzen beflügelt den Integrationsprozeß nicht nur in den 12 Mitgliedstaaten der Europäischen Gemeinschaft. Auch in vielen anderen Ländern Europas wächst die Aufmerksamkeit der Menschen gegenüber der Idee eines einigen, wirtschaftlich gefestigten Europas, das in Frieden und Freiheit zusammenarbeitet.

Wo Visionen und Ideen Wirklichkeit werden sollen, entstehen naturgemäß zahlreiche sehr realistische Fragen und Probleme, die grenzübergreifend gelöst sein wollen. In schneller Folge werden Organisationen und Arbeitsgruppen ins Leben gerufen. Der Teufel steckt im Detail.

Das »Europa-Lexikon« soll dem Leser helfen, sich in dem Dickicht der ständig wachsenden Begriffe und Fachausdrücke, Institutionen und Entscheidungen rund um die Idee ›Europa‹ zurechtzufinden.

Natürlich kann dieses kleine Nachschlagewerk nicht den Anspruch auf Vollständigkeit erheben. Mit rund 200 Stichworten gibt es aber auf 274 Seiten einen ersten, leichtverständlichen Einstieg in die oft komplizierte Welt heutiger Europapolitik.

Bonn, im Januar 1990

Hans Jörg Schrötter – Bettina Forst

Abrüstung

Bemühungen um Abrüstung gehören ebenso wie das Streben nach Rüstungskontrolle und vertrauens- und sicherheitsbildenden Maßnahmen zu den wichtigsten Bestandteilen der Sicherheitspolitik.

Fortschritte und Ergebnisse

Seit Anfang 1985 ist in die europäische Abrüstungs- und Rüstungskontrollpolitik Bewegung gekommen. Es kam zu folgenden Fortschritten und Ergebnissen:

● **Die Konferenz über vertrauens- und sicherheitsbildende Maßnahmen in Europa (KVAE)** (→KSZE): Sie beschloß im »Stockholmer Dokument« vom 19. September 1986 eine Anzahl von vertrauensbildenden Maßnahmen (z.B. Einladung von Beobachtern zu Manövern der jeweils anderen Seite), die bereits in ganz Europa angewendet werden.

● **Der INF-Vertrag über nukleare Mittelstreckenwaffen** (INF = *I*ntermediate *R*ange *N*uclear *F*orces) zwischen den USA und der Sowjetunion: Er wurde am 8. Dezember 1987 unterzeichnet und trat am 1. Juni 1988 in Kraft.
Ziel: Er verpflichtet die beiden Großmächte, alle in ihrem Besitz befindlichen landgestützten Mittelstreckenflugkörper mit einer Reichweite zwischen 500 und 5 500 km zu beseitigen sowie künftig auf den Besitz solcher Systeme zu verzichten.

Ergebnis: Damit wird erstmals eine ganze Kategorie nuklearer Waffen beseitigt. Zugleich wird dem Prinzip der asymmetrischen Abrüstung Geltung verschafft: Die Sowjetunion muß weit mehr Flugkörper und Gefechtsköpfe vernichten als die USA.

● **Die START-Verhandlungen:** Bei den START-Verhandlungen (START = *ST*rategic *A*rms *R*eductions *T*alks) zwischen den USA und der Sowjetunion geht es um eine 50%ige Reduzierung ihrer strategischen nuklearen Waffen.
Ziel: Ein START-Abkommen würde die Bedrohung Westeuropas durch das sowjetische strategische Nuklearpotential verringern und liegt daher im besonderen Interesse der europäischen Partnerstaaten der →NATO.
Vorläufiges Ergebnis: Die Gespräche führten im Dezember 1987 zu einem vorläufigen Einvernehmen über wesentliche Grundlagen und zahlreiche Sachfragen eines künftigen Abkommens.

● **Weltraumwaffen:** Bei den Gesprächen über Weltraumwaffen besteht zwischen den USA und der Sowjetunion Einvernehmen darüber, den ABM-Vertrag (ABM = *A*nti *B*allistic *M*issiles) während eines zu vereinbarenden Zeitraumes einzuhalten. Uneinigkeit herrscht jedoch über das Ziel der USA, eine Regelung zu schaffen, die das Programm einer hauptsächlich weltraumgestützten Verteidigung gegen strategische Raketen (SDI-Programm) zuläßt. Die Sowjetunion strebt Einschränkungen dieses Programms an.

● **Konventionelle Stabilität in Europa:** Am Rande des 3. KSZE-Folgetreffens in Wien fanden seit Februar 1987 Gespräche zwischen den Mitgliedstaaten der NATO und des → Warschauer Paktes wegen eines Verhandlungsmandats über konventionelle Stabilität in Europa vom Atlantik bis zum Ural statt. Sie wurden am 10. Januar 1988 erfolgreich abgeschlossen.
Vorläufiges Ergebnis: Der Warschauer Pakt akzeptierte einige wichtige westliche Forderungen. Er erkannte insbesondere an, daß ein sicheres und stabiles Gleichgewicht konventioneller Kräfte in Europa derzeit nicht besteht und daher weitere Verhandlungen mit dem Ziel aufgenommen werden, für die wichtigsten Waffengattungen gleiche Obergrenzen auf niedrigerem Niveau festzusetzen. Den Schwerpunkt der Verhandlungen soll die Beseitigung der Fähigkeit des Warschauer Paktes zu Überraschungsangriffen und raumgreifenden militärischen Offensivoperationen bilden.

● **Verhandlungen über konventionelle Streitkräfte in Europa:** Die eigentlichen Verhandlungen über konventionelle Streitkräfte in Europa (VKSE-Verhandlungen) wurden am 6. März 1989 in Wien durch die Außenminister der 35 KSZE-Teilnehmerstaaten eröffnet. Zuvor, am 2. Februar 1989, wurden die seit 1973 laufenden MBFR-Verhandlungen über beidseitige ausgewogene Truppenverminderungen (MBFR = *M*utal *B*alanced *F*orce *R*eductions), die geographisch auf Mitteleuropa beschränkt waren, einvernehmlich beendet.

● **Verhandlungen über vertrauens- und sicherheitsbildende Maßnahmen (VSBM):** Sie begannen am 6. März 1989 zwischen den 35 KSZE-Teilnehmerstaaten in Wien.
Ziel: In diesen Verhandlungen möchte der Westen u.a. einen weiteren Ausbau der im Stockholmer KVAE-Abschlußdokument vom 9. September 1986 vereinbarten Regelung zur offiziellen Ankündigung von Manövern erreichen. Erstrebt werden außerdem Verbesserungen bei der Beobachtung militärischer Aktivitäten, ein umfassender Informationsaustausch über die militärischen Organisationen, über Ausrüstung und Stationierung der Streitkräfte sowie über die Einführung neuen Geräts in die Truppe.

Chemische und biologische Waffen

Weitere Abrüstungsverhandlungen beschäftigen sich u.a. mit dem weltweiten und nachprüfbaren Verbot aller chemischen Waffen. Ein Vertragsentwurf, der die Entwicklung, Herstellung, Lagerung und Vernichtung chemischer Waffen sowie ihrer Produktionsstätten betrifft, ist weitgehend erarbeitet. Es bleiben jedoch noch wichtige Fragen zu klären.
Am 10. April 1972 wurde das Übereinkommen über das Verbot der Entwicklung, Herstellung, Lagerung und Vernichtung biologischer Waffen sowie Toxinwaffen beschlossen. Die Bundesrepublik Deutschland hat dieses Abkommen am 7. April 1983 ratifiziert und sich an der zweiten Überprüfungskonferenz vom September 1986 mit eigenen Beiträgen beteiligt. Die dritte Überprüfungskonferenz soll spätestens 1991 stattfinden.

Abschöpfung

Die Abschöpfung ist das Gegenstück zur →Ausfuhrerstattung in der europäischen →Agrarpolitik. Beim Import (Einfuhr) von bestimmten Agrarerzeugnissen aus Drittländern werden Abschöpfungen erhoben, wenn die eingeführten Agrarprodukte unter den in der →Europäischen Gemeinschaft (EG) gültigen Mindestpreisen liegen. Die Differenz zwischen dem niedrigen Einkaufspreis auf dem Weltmarkt und dem höheren Mindestpreis in der EG wird abgeschöpft und fließt als Einnahme in den →Haushalt der EG.

Abschöpfungen erlauben, die garantierten Mindestpreise für die Bauern in der EG aufrechtzuerhalten. Das System der garantierten Preise durch die Abschöpfung stößt zunehmend auf Kritik, da diese Abschöpfung es Agrarproduzenten außerhalb der EG erschwert, ihre Produkte auf dem EG-Markt abzusetzen.

Agrarfonds

Geläufige Bezeichnung für den →Europäischen Ausrichtungs- und Garantiefonds für die Landwirtschaft (EAGFL). Er ist einer der drei →Strukturfonds der →Europäischen Gemeinschaft (EG).

Agrarpolitik, europäische

Die Verwirklichung einer gemeinsamen Agrarpolitik ist bereits Bestandteil des Gründungsvertrages der →Europäischen Wirtschaftsgemeinschaft (EWG) von 1957 (→ Römische Verträge). Zur Schaffung eines Gemeinsamen Marktes, der sich nicht nur auf Kohle und Stahl (→ Europäische Gemeinschaft für Kohle und Stahl), die Atomwirtschaft (→ Europäische Atomgemeinschaft) und die industriellen Waren und Güter der EWG beschränkt, gehörte von Anfang an die Schaffung eines freien Marktes für landwirtschaftliche Produkte. Die gemeinsame Agrarpolitik bot den stärker agrarexportierenden Ländern – vor allem Frankreich – einen Ausgleich für die Öffnung ihrer Märkte für die stärker industrieexportierenden Länder, so die Bundesrepublik Deutschland. Von der Verknüpfung der Wirtschafts- mit der Agrarpolitik waren die Chancen zur Realisierung des Gemeinsamen Marktes abhängig.
Nach der Unterzeichnung der Römischen Vertäge von 1957 wurden auf der Konferenz von Stresa vom 3.–12. Juni 1958 die Grundlagen der gemeinsamen Agrarpolitik geschaffen.

Die Ziele der gemeinsamen Agrarpolitik

Die Ziele sind im EWG-Vertrag festgelegt:

1. die Steigerung der Produktivität der Landwirtschaft insbesondere durch Förderung des technischen Fortschritts und durch Rationalisierung,

2. die Sicherung und Steigerung der Einkommen der in der Landwirtschaft tätigen Personen,
3. die Schaffung eines Gleichgewichts zwischen Angebot und Nachfrage zur Marktstabilisierung,
4. die Sicherstellung der Nahrungsmittelversorgung,
5. die Belieferung der Verbraucher zu angemessenen Preisen.

Grundsätze der gemeinsamen Agrarpolitik

Die drei Grundsätze sind:

1. Markteinheit
Um die Markteinheit, d.h. den freien Warenverkehr für Agrarprodukte, zu erreichen, werden u.a. →Zölle und →Handelshemmnisse beseitigt und verwaltungs- und gesundheitsrechtliche Vorschriften harmonisiert. Nur die Markteinheit kann Wettbewerbsverzerrungen zu Lasten der Landwirte, bestimmter Regionen oder Produkte vermeiden. Hierzu ist die Schaffung einer gemeinsamen Marktordnung notwendig, die die unterschiedlichen nationalen Agrarmarktordnungen ersetzt.

2. das Prinzip der Gemeinschaftspräferenz
Durch eine gemeinsame EG-Marktordnung zum Schutz und Erhalt der Landwirtschaft wird gewährleistet, daß Agrarprodukte aus der →Europäischen Gemeinschaft (EG) auch bevorzugt in der EG gekauft und somit präferiert werden. Durch Schutz vor Billigimporten oder Preisschwankungen auf dem Weltmarkt wird die Gemeinschaftspräferenz einerseits durch →Abschöpfungen und

andererseits durch →Ausfuhrerstattungen bei Exporten auf den Weltmarkt garantiert.

3. das Prinzip der finanziellen Verantwortung
Die gemeinsame Agrarpolitik wird mit EG-Eigenmitteln aus dem →Agrarfonds (Europäischer Ausrichtungs- und Garantiefonds für die Landwirtschaft) gemeinsam finanziert. Der Agrarfonds ist Bestandteil des →Haushalts der EG.

Die Marktordnung der europäischen Agrarpolitik

Der europäische Agrarmarkt ist ein besonderer, geordneter Markt, in dem die Preise für Agrarprodukte nicht durch das marktwirtschaftliche Prinzip von Angebot und Nachfrage gebildet werden. In allen Industrienationen wird die Landwirtschaft als lebenswichtiger, aber für die Landwirte uneinträglicher Wirtschaftszweig vom Staat geschützt. Deshalb ist eine gemeinsame Marktordnung für die Agrarpolitik notwendig.
Für die Landwirtschaft gibt es bisher 21 Marktordnungen, die über 95 % der erzeugten EG-Agrarprodukte erfassen. Diese Marktordnungen sind für die Gemeinschaft verbindlich und in drei Gruppen aufgeteilt:

1. Marktordnung mit Preisstützung
Etwa 70 % aller Agrarerzeugnisse fallen unter diese Marktordnung mit den umfangreichsten Schutzmaßnahmen, u. a. Getreide, Zucker, Milchprodukte, Rindfleisch, die wichtigsten Obst- und Gemüsearten. Der Schutzmechanismus:

Fallen die Marktpreise für diese Erzeugnisse unter einen bestimmten Mindestpreis, werden sie von der EG aufgekauft und gelagert.

2. Marktordnung mit gemeinsamem Außenschutz
Etwa 25 % der Agrarerzeugnisse – wie z. B. Eier, Geflügel, Blumen, einige Obst- und Gemüsesorten – werden durch → Abschöpfungen vor Konkurrenz aus billigeren Drittländern geschützt.

3. Marktordnung mit direkten Beihilfen
Etwa 2,5 % der Agrarerzeugnisse erhalten Beihilfen, die beispielsweise pauschal je Hektar oder Produktionsmenge gewährt werden. Hierzu gehören vor allem Produkte, die in der EG nur in geringer oder nicht ausreichender Menge produziert werden wie Hopfen, Flachs, Tabak, Saatgut, etc.

Das Preissystem der europäischen Agrarpolitik

Auf Vorschlag der → Kommission der EG legt der → Ministerrat der EG jährlich für diejenigen Agrarerzeugnisse, die einer Marktordnung mit Preisstützung unterliegen, die neuen Preise fest, d. h., für ca. 70 % aller Agrarprodukte. Der Rat der EG-Agrarminister setzt den Richtpreis fest, der den angestrebten Marktpreis angibt. Fällt dieser Marktpreis unter ein bestimmtes Niveau des festgesetzten Richtpreises bis zum sog. Interventionspreis, kauft die EG diese Erzeugnisse zum Interventionspreis auf. Die aufgekauften Produkte werden gelagert (Überschüsse), in Sonderaktionen verkauft (z.B. Weihnachtsbutter), für Katastrophenhilfe bei Hungersnöten eingesetzt oder wegen leichter Verderblichkeit vernichtet. Ziele dieses Preissystems der garantierten Preise, → Abschöpfungen auf Agrarimporte außerhalb der EG und → Ausfuhrerstattungen auf Agrarexporte auf den Weltmarkt sind die Sicherung des Lebensstandards der Landwirte und die Stabilisierung der Verbraucherpreise.

Agrarpreissystem

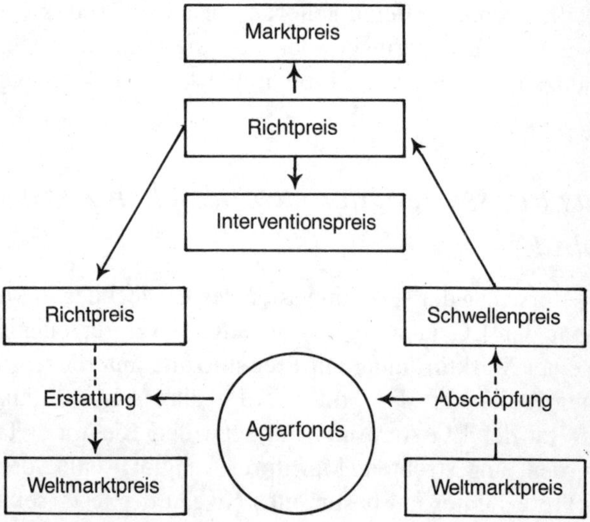

Agrarüberschüsse

Durch die Steigerung der Produktivität, das Agrarpreissystem und die Schutzmechanismen der Marktordnung wurden Anreize zur Überproduktion geschaffen. Die Kosten für die gemeinsame Agrarpolitik stiegen, bedingt durch die EG-Aufkäufe zu garantierten Interventionspreisen und die kostspielige Lagerhaltung, unaufhaltsam. Butterberge und Milchseen waren die Folge.

Erste Reformen zur Beseitigung der Überschüsse wurden ab 1984 verstärkt in Angriff genommen. Die Einführung der Quotenregelung für Milch begrenzt – nach Ländern gestaffelt – die EG-garantierte Abnahmemenge für Milchprodukte. Überschreitet ein landwirtschaftlicher Betrieb seine Milchquote, zahlt er für jeden zu viel produzierten Liter eine ›Mitverantwortungsabgabe‹. Die Folge: Der Butterberg ist inzwischen von 1,4 Millionen Tonnen 1986 auf 0,3 Millionen Tonnen und der Milchsee von 0,8 auf 0,01 Millionen Tonnen gesunken.

Weitere Agrarreformen beschloß der →Europäische Rat im Februar 1988. Durch Mengenbegrenzungen, Produktionseinschränkungen bei Einkommensausgleich, Flächenstillegung und Vorruhestandsregelung sollen die Produktion an den Bedarf angepaßt und die Ausgaben des EG-Agrarfonds eingedämmt werden.

Sechs europäische Staaten sind an der Airbus-Produktion beteiligt. Den deutschen Beitrag liefern die Firmen VFW (hier die Montagehalle in Bremen) und MBB mit Rumpfteilen.

Airbus

Airbus-Industrie – das Unternehmen

Die Airbus-Industrie ist eine wirtschaftliche Interessengemeinschaft nach französischem Recht mit Sitz in Toulouse. An der Airbus-Industrie sind Aerospatiale (Frankreich) mit 37,9%, die Firma MBB (Bundesrepublik Deutschland) über Deutsche Airbus mit 37,9%, British Aerospace (Großbritannien) mit 20%, und CASA (Spanien) mit 4,2% beteiligt. Fokker (Niederlande) und Belairbus (Belgien) sind assoziierte Mitglieder. Die Airbus-Industrie besitzt kein Eigenkapital. Alle Erlöse aus Flugzeugverkäufen werden von der Airbus-Industrie an die Partnerfirmen im Verhältnis ihrer prozentualen Beteiligung am Programm erstattet. Die Airbus-Industrie beschäftigt etwa 1250 Mitarbeiter aus 23 Ländern – die Mehrzahl stammt jedoch aus Frankreich, der Bundesrepublik Deutschland, Großbritannien und Spanien.
Die Airbus-Industrie hat sich auf dem Markt gegenüber der amerikanischen Konkurrenz durchgesetzt und erreichte in den letzten zwei Jahren Platz 2 bei den Flugzeugverkäufen in der ganzen Welt.

Airbus – das Produkt

Die Airbus-Industrie hat seit ihrer Gründung im Dezember 1970 eine vollständige Flugzeugfamilie aufgebaut. Bei 61 Flugzeughaltern befinden sich insgesamt 426 Airbus-

Flugzeuge weltweit im Einsatz. Die Airbus-Industrie hofft, von den ca. 9200 neuen Flugzeugen, die nach ihren eigenen Marktprognosen von 1988 bis zum Jahr 2006 benötigt werden, über 3100 Flugzeuge verkaufen zu können, was einem Gesamtmarktanteil von über 30 % entspräche.

AKP-Staaten

AKP-Staaten nennt man die derzeit 68 Entwicklungsländer Afrikas, der Karibik und des Pazifik, die durch die → Lomé-Abkommen mit der → Europäischen Gemeinschaft (EG) in besonderer Weise (→ Assoziierung) verbunden sind.
Die AKP-Staaten setzen sich zusammen aus ehemaligen Kolonien, zu denen die früheren Kolonialmächte, die heute EG-Mitgliedstaaten sind, besondere Beziehungen unterhielten. So wurden diesen Staaten beispielsweise Bevorzugungen im Handelsverkehr oder Finanzhilfen zur Entwicklung gewährt. Derartige Sonderregelungen mußten nach Vollendung der →Zollunion in der EG berücksichtigt werden, um Nachteile für die Entwicklungsländer zu vermeiden. Dies ist im Lomé-Abkommen geschehen.
Zu den AKP-Staaten gehören bisher folgende Länder:

Afrika

Angola, Äquatorial Guinea, Äthiopien, Benin, Botswana, Burkina Faso, Burundi, Djibouti, Elfenbeinküste, Gabun, Gambia, Ghana, Guinea, Guinea Bissau, Kamerun, Kapverden, Kenia, Komoren, Kongo, Lesotho, Liberia, Madagaskar, Malavi, Mali, Mauretanien, Mauritius, Mosambik, Niger, Nigeria, Ruanda, Sambia, São Tomé und Principe, Senegal, Seychellen, Sierra Leone, Simbabwe, Somalia, Sudan, Swasiland, Tansania, Togo, Tschad, Uganda, Zaire, Zentralafrikanische Republik

Pazifik

Fidschi, Kiribati (Gilbert Inseln), Papua Neuguinea, Salomonen, Tonga, Tuvalu, Vanuatu, Westsamoa

Karibik

Antigua und Barbuda, Bahamas, Barbados, Belize, Dominica, Dominikanische Republik, Grenada, Grenadinen, Guayana, Haiti, Jamaika, Nevis, St. Lucia, St. Vincent, Trinidad und Tobago.

Für Namibia besteht die Möglichkeit, als 69. AKP-Staat dem Lomé-Abkommen beizutreten, sobald es seine Unabhängigkeit erlangt.

Zu den AKP-Staaten gehören bisher folgende Länder:

Afrika

① Angola
② Äquatorialguinea
③ Äthiopien
④ Benin
⑤ Botswana
⑥ Burkina Faso
⑦ Burundi
⑧ Djibouti
⑨ Elfenbeinküste
⑩ Gabun
⑪ Gambia
⑫ Ghana
⑬ Guinea
⑭ Guinea Bissau
⑮ Kamerun
⑯ Kapverden
⑰ Kenia
⑱ Komoren
⑲ Kongo
⑳ Lesotho
㉑ Liberia
㉒ Madagaskar
㉓ Malavi
㉔ Mali
㉕ Mauretanien
㉖ Mauritius
㉗ Mosambik
㉘ Niger
㉙ Nigeria
㉚ Ruanda
㉛ Sambia
㉜ São Tomé und Principe
㉝ Senegal
㉞ Seychellen
㉟ Sierra Leone
㊱ Simbabwe
㊲ Somalia
㊳ Sudan
㊴ Swasiland
㊵ Tansania
㊶ Togo
㊷ Tschad
㊸ Uganda
㊹ Zaire
㊺ Zentralafrikanische Republik

Zu den AKP-Staaten gehören bisher folgende Länder:

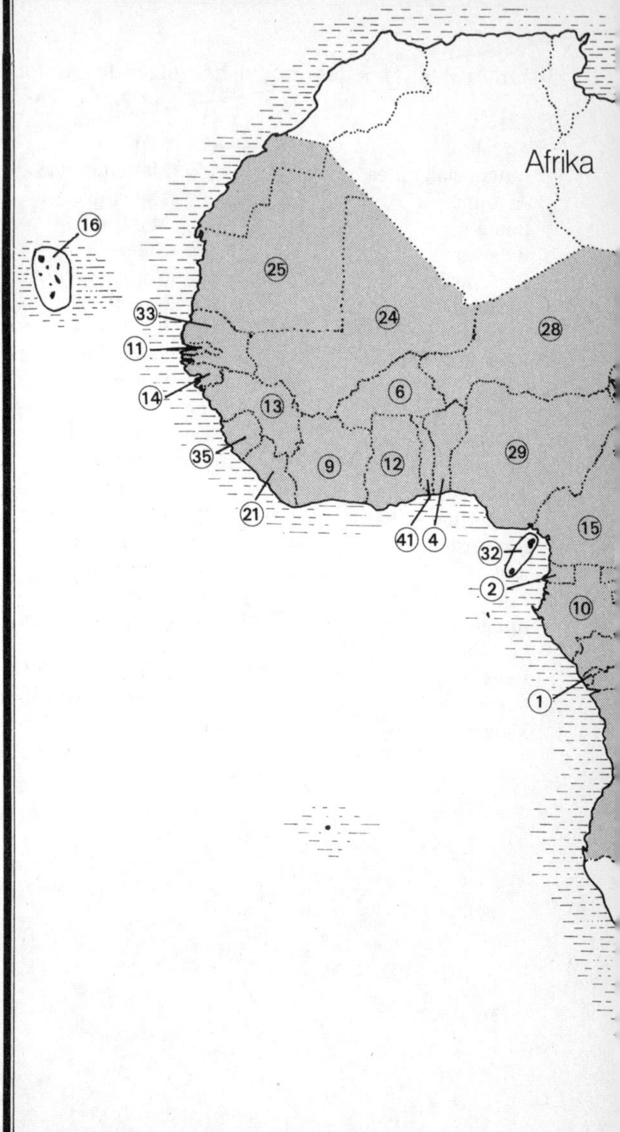

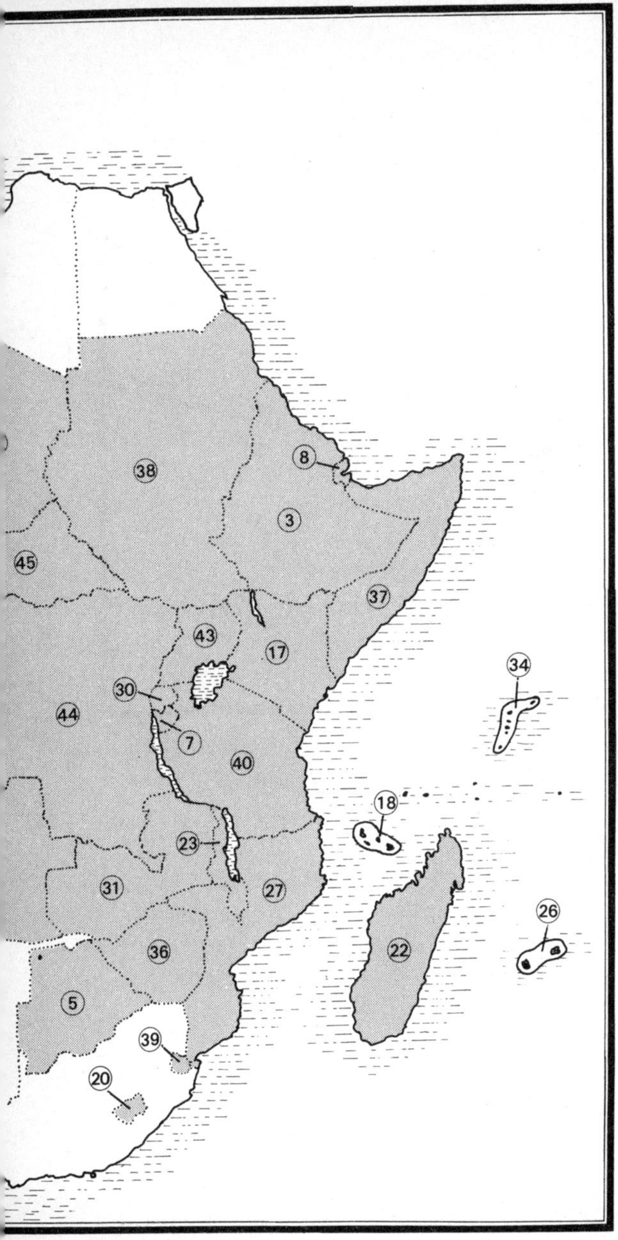

8
38
3
45
37
43
17
34
30
44
7
40
18
23
31
27
26
22
36
5
39
20

Pazifik

- ㊻ Fidschi
- ㊼ Karibati (Gilbert Inseln)
- ㊽ Papua-Neuguinea
- ㊾ Salomonen
- ㊿ Tonga
- (51) Tuvalu
- (52) Vanuatu
- (53) Westsamoa

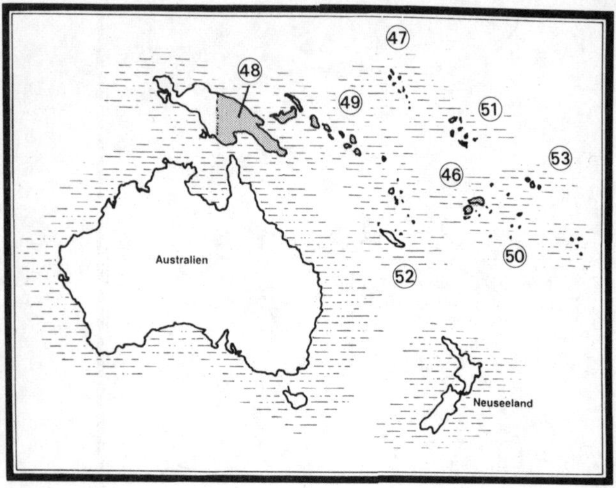

Karibik

54 Antigua und Barbuda
55 Bahamas
56 Barbados
57 Belize
58 Dominica
59 Dominikanische Republik
60 Grenada
61 Grenadinen
62 Guayana
63 Haiti
64 Jamaika
65 Nevis
66 St. Lucia
67 St. Vincent
68 Trinidad und Tobago

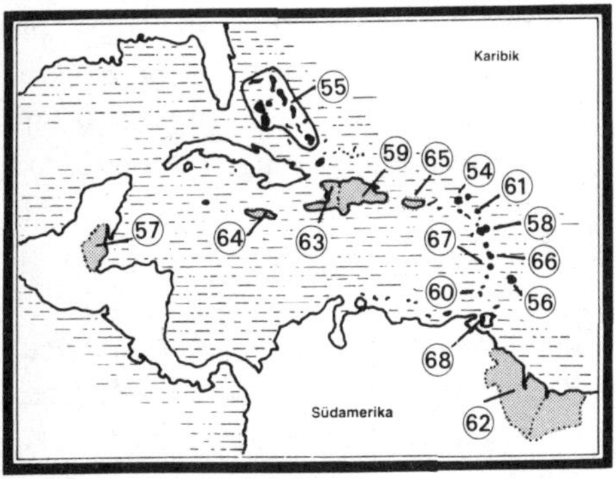

Amtssprachen der Europäischen Gemeinschaft

Als Amtssprachen sind in den Institutionen und Arbeitseinheiten der →Europäischen Gemeinschaft (EG) die neun Sprachen Dänisch, Deutsch, Englisch, Französisch, Griechisch, Italienisch, Niederländisch, Portugiesisch und Spanisch gleichberechtigt. In Plenarsitzungen des →Europäischen Parlaments werden alle Reden simultan in alle Amtssprachen übersetzt. Damit ergeben sich 72 Übersetzungsmöglichkeiten.
Im Rahmen der →Europäischen Politischen Zusammenarbeit (EPZ) sind auf Tagungen, die unterhalb der Ministerebene stattfinden, Englisch und Französisch die beiden Amtssprachen. Beim →Europäischen Gerichtshof (EuGH) in Luxemburg ist Französisch die Arbeitssprache.

Arbeitslosigkeit

Die Arbeitslosenquote in der →Europäischen Gemeinschaft (EG) ist von 2,9% im Jahre 1975 auf 10,6% im Jahre 1987 angestiegen. Das entspricht 5 Millionen eingeschriebenen Arbeitslosen 1975 gegenüber 16 Millionen 1987. Damit liegen die Arbeitslosenquoten der EG über

Arbeitslosenquoten in den EG-Staaten

	Männer %	Frauen %	Jugendliche bis 25 Jahre %	insgesamt %
EG-Staaten insgesamt	9,0	13,0	21,6	10,6
Belgien	7,3	17,6	21,4	11,3
Bundesrepublik Deutschland	5,4	7,8	6,9	6,3
Dänemark	4,8	7,6	8,1	6,1
Frankreich	8,3	13,2	22,4	10,4
Griechenland	5,1	11,4	24,8	7,4
Großbritannien	11,5	10,5	16,3	11,1
Irland	17,7	19,1	26,1	18,1
Italien	7,5	16,4	35,4	10,6
Luxemburg	1,9	4,1	6,0	2,7
Niederlande	8,2	12,5	13,8	9,7
Portugal	5,5	9,3	16,6	7,1
Spanien	17,5	27,6	43,8	20,8

Stand: April 1987

denen der USA (1986 = 7,0%) oder Japans (1986 = 2,8%).

Der Grad der Arbeitslosigkeit weist je nach Ländern und Regionen in der EG erhebliche Unterschiede auf. Die Quote schwankt zwischen 2,7% (Luxemburg) und 20,8% (Spanien). Aufgeschlüsselt nach Regionen ergeben sich die höchsten Arbeitslosenquoten in den Gebieten des äußersten Nordens und Südens der EG.

Von der Arbeitslosigkeit innerhalb der EG am stärksten betroffen sind Jugendliche unter 25 Jahren. Im Durchschnitt waren 1987 21,6% dieser Jugendlichen ohne Arbeit.

Der Anstieg der Arbeitslosigkeit geht einher mit dem schwerwiegenden Problem der Langzeitarbeitslosigkeit. 1986 waren mehr als die Hälfte der Arbeitslosen länger als ein Jahr ohne Arbeit; ein Drittel der Arbeitslosen suchte seit mehr als zwei Jahren eine Beschäftigung. In Belgien, Frankreich, Großbritannien, Italien und den Niederlanden liegen diese Anteile noch darüber.

Assoziierung

Die Assoziierung ist ein besonderes Verhältnis zwischen der →Europäischen Gemeinschaft (EG) und Drittländern. Sie reicht vom gegenseitigen Abbau der →Handelshemmnisse über Handelsabkommen bis zum Quasibeitritt.
In Europa sind Malta, die Türkei und Zypern mit der EG assoziiert. Außerdem sind die völkerrechtlich noch von Frankreich, den Niederlanden und Großbritannien abhängigen außereuropäischen Gebiete Französisch-Polynesien, St. Helena, die Niederländisch-Antillen und die Falkland-Inseln assoziiert. Ebenfalls mit der EG assoziiert sind die derzeit 68 Entwicklungsländer Afrikas, der Karibik und des Pazifik (→AKP-Staaten), die durch die →Lomé-Abkommen mit der EG verbunden sind.

Asylpolitik, europäische

Innerhalb der →Europäischen Gemeinschaft (EG) wird man auf →Grenzkontrollen nur dann völlig verzichten können, wenn man sich zuvor untereinander auf eine gemeinsame Asylpolitik geeinigt hat. Die bis zum 31. Dezember 1992 geplante Beseitigung der Binnengrenzen zwischen den 12 EG-Mitgliedstaaten (→Binnenmarkt) stellt daher an die Regierungen die Aufgabe, eine gemeinsame Asylpolitik zu diskutieren und übereinstimmende Voraussetzungen für ein einheitliches Asylrecht innerhalb der EG zu schaffen.

Asylbewerberzahlen im Jahre 1988 (in Klammern Zahlen für 1987) in einzelnen Mitgliedstaaten der EG: Belgien 4990 (6000), Dänemark 4416 (2750), Frankreich 34253 (27672), Griechenland 8964 (6950), Großbritannien 2252 (4500), Niederlande 7500 (13450).

In der Bundesrepublik Deutschland haben sich demgegenüber 103076 (57379) Personen um Asyl beworben, das sind 58,8% (43%) der Bewerber im Bereich der gesamten EG. (Die Zahlen der deutschen Aussiedler und Übersiedler sind hierin nicht enthalten.)

Ausfuhrerstattung

Das Gegenstück zur →Abschöpfung in der europäischen →Agrarpolitik. Beim Export (Ausfuhr) von Agrarerzeugnissen gewährt die →Europäische Gemeinschaft (EG) den Landwirten Ausfuhrerstattungen, die die Differenz zwischen hohem Verkaufspreis in der EG und häufig niedrigerem Verkaufspreis auf dem Weltmarkt ausgleichen.
Ausfuhrerstattungen sind Exportbeihilfen (→Subvention), die es erlauben, Agrarüberschüsse aus der Gemeinschaft außerhalb der EG zu wettbewerbsfähigen Preisen und bei garantierten Mindestpreisen für die Bauern abzusetzen.
Das System der Ausfuhrerstattung stößt zunehmend auf Kritik, da es dadurch den EG-Agrarproduzenten ermöglicht wird, ihre Produkte gegen die Konkurrenz von Ländern außerhalb der EG ohne Beihilfen abzusetzen.

Ausschuß der Ständigen Vertreter

Der Ausschuß der Ständigen Vertreter unterstützt die praktische Arbeit des →Ministerrates der →Europäischen Gemeinschaft (EG). Die Ständigen Vertreter sind die von den Regierungen der 12 EG-Mitgliedstaaten nach Brüssel entsandten Botschafter. Dem Ausschuß der Ständigen Vertreter sind Ausschüsse mit Beamten der jeweiligen 12 nationalen Fachministerien untergeordnet. Ca. 2 100 Beamte unterstützen so die Arbeit des EG-Ministerrates.

Außenhandel der Europäischen Gemeinschaft

Der wichtigste Handelspartner der →Europäischen Gemeinschaft (EG) sind im Import und Export die USA. Handelskonflikte mit den USA gab es vor allem im Agrarbereich (»Hähnchenkrieg«, Hormonfleisch) sowie im Flugzeugbau und in der →Telekommunikation.
Der zweitgrößte Lieferant der EG ist Japan (Autos, Unterhaltungselektronik). Der Handel mit Japan weist erhebliche Handelsbilanzdefizite auf, da Japan seine Märkte für Exporte der EG abschottet. Mit den Staaten der →EFTA ist die EG durch ein Freihandelsabkommen verbunden. Die Handelsbilanz ist ausgeglichen.
1988 wurden die Handelsbeziehungen zum →Rat für gegenseitige Wirtschaftshilfe (RGW) wieder aufgenommen. Handelsabkommen existieren bereits mit Rumänien (1980), Polen, der Sowjetunion, Ungarn und der ČSSR. Mit der → Deutschen Demokratischen Republik (DDR) wurde am 13. März 1990 in Brüssel ein kurzfristig ausgearbeitetes Abkommen über den Handel und die handelspoli-

Wichtigste Außenhandelspartner der EG

	Exporte in Mrd. ECU	Importe in Mrd. ECU
USA	71,9	56,2
Schweiz	32,8	26,7
Schweden	20,2	20,1
Österreich	20,1	13,1
Japan	13,6	34,8
Norwegen	9,5	12,1
UdSSR	9,2	13,1
Kanada	9,0	6,9
Saudi-Arabien	7,7	–
Finnland	7,0	7,9
Brasilien	–	7,3

Stand: 1987

tische und wirtschaftliche Zusammenarbeit paraphiert. Das Abkommen berührt nicht das System des → Innerdeutschen Handels, sondern soll dazu beitragen, daß sich die DDR schon im Vorfeld der sich abzeichnenden deutschen Einheit gegenüber der EG handels- und wirtschaftspolitisch öffnet.

Kooperationsabkommen gibt es mit den Mittelmeeranrainern Marokko, Algerien, Tunesien, Ägypten, Jugoslawien, Libanon und Syrien. Assoziationsabkommen wurden mit Malta, der Türkei und die Bildung einer → Zollunion mit Zypern vereinbart.

Mit den ASEAN-Staaten (ASEAN = *A*ssociation of *S*outh *E*ast *A*sian *N*ations: Brunei, Indonesien, Malaysia, Singapur, Philippinen und Thailand) hat die EG 1980 Koopera-

tionsabkommen getroffen. Außerdem gibt es Handels- bzw. Kooperationsabkommen in Asien mit China, Indien, Pakistan, Bangladesch, Sri Lanka, Nordjemen und ein Kooperationsabkommen mit den Staaten des Golfkooperationsrates Saudi-Arabien, Kuwait, Vereinigte Arabische Emirate, Bahrain, Katar und Oman.
In Lateinamerika bestehen Kooperationsabkommen mit Mexiko, Brasilien, Uruguay, dem Andenpakt (1969 gegründeter Verbund lateinamerikanischer Staaten; Mitglieder derzeit: Bolivien, Kolumbien, Ecuador, Peru, Venezuela) und Zentralamerika. Mit den 68 →AKP-Staaten wurde das →Lomé-Abkommen abgeschlossen.

Benelux-Staaten

Der Begriff ›Benelux‹ bezeichnet die organisierte wirtschaftliche Zusammenarbeit der Staaten Belgien, Niederlande und Luxemburg. 1944 schlossen die Exilregierungen der drei Staaten in London ein Abkommen über die →Zollunion Benelux. Ausschlaggebend für dieses Abkommen waren neben ökonomischen auch sicherheitspolitische Gründe. Durch Kriegsfolgen verzögert, trat es erst am 1. Januar 1948 in Kraft.
Von 1948 bis 1958 betrieben die Benelux-Staaten eine Integrationspolitik mit dem Ziel einer Wirtschaftsunion, die vertraglich 1953 durch die teilweise →Liberalisierung des Kapitalverkehrs und 1957 in einem Abkommen über

den Austausch von Arbeitskräften entwickelt wurde. Am 3. Februar 1958 unterzeichneten die drei Regierungen den Vertrag zur Bildung einer Wirtschaftsgemeinschaft der Benelux-Länder in Den Haag, der am 1. November 1960 in Kraft trat. In diesem Vertrag ist der freie Verkehr von Personen, Gütern, Kapital- und Dienstleistungen ebenso vorgesehen wie die Koordinierung der Wirtschafts-, Finanz- und Sozialpolitik sowie die Einführung einer gemeinsamen Handelspolitik gegenüber Drittländern.
Von 1971 an erfolgte eine gemeinsame Erteilung von geschützten Warenzeichen. Seit Oktober 1975 werden der Umweltschutz, die Raumordnung und die Industrie- und Steuerpolitik harmonisiert.
Heute ist die Wirtschaftspolitik der Benelux-Staaten weitgehend in die →Europäische Gemeinschaft (EG) eingebunden. Dennoch behält der Zusammenschluß für die drei Mitgliedstaaten wichtige Funktionen.
Die zentrale gemeinsame Verwaltung der Benelux-Union ist das Generalsekretariat mit Sitz in Brüssel.

Bevölkerungsstruktur

Die →Europäische Gemeinschaft (EG) hat 323 Millionen Einwohner. Das entpricht 6,7% der Weltbevölkerung. Damit leben in den 12 Mitgliedstaaten der EG mehr Menschen als in der Sowjetunion (283 Millionen), in den USA (244 Millionen) oder in Japan (122 Millionen). In den vier

Ländern Bundesrepublik Deutschland, Großbritannien, Frankreich und Italien leben allein 71% aller Einwohner der EG.

Die Bevölkerungsdichte im Europa der 12 EG-Staaten ist mit durchschnittlich 143 Einwohnern pro km^2 wesentlich höher als in der Sowjetunion (13 Einwohner pro km^2) oder in den USA (26 Einwohner pro km^2).

Bevölkerungsstruktur

	Bevölkerung in 1 000	Fläche in 1 000 km^2	Einwohner pro km^2
EG-Staaten	323 753	2 258	143
Belgien	9 870	30	324
Bundesrepublik Deutschland	61 199	249	246
Dänemark	5 127	43	119
Frankreich	55 630	547	101
Griechenland	9 990	132	76
Großbritannien	56 930	244	233
Irland	3 543	70	50
Italien	57 345	301	190
Luxemburg	372	3	143
Niederlande	14 665	42	351
Portugal	10 250	92	111
Spanien	38 832	505	77
USA	244 000	9 372	26
UdSSR	283 000	22 402	13
Japan	122 000	372	328
Welt	5 024 000	135 837	37

Stand: 1987

Binnenmarkt

Der Binnenmarkt ist ein gemeinsamer Raum ohne Binnengrenzen, in dem der freie und unbeschränkte Verkehr von Waren, Personen, Kapital und Dienstleistungen gewährleistet ist. Der europäische Binnenmarkt soll bis zum 31. Dezember 1992 verwirklicht werden.

Vorgeschichte zum Binnenmarkt 1992

Schon im Vertrag zur Gründung der → Europäischen Wirtschaftsgemeinschaft (EWG) von 1957 (→ Römische Verträge) ist die Schaffung eines Gemeinsamen Marktes als zentrales Ziel der Gründungsväter festgeschrieben. Die notwendigen Vorstufen zum europäischen Binnenmarkt waren die → Freihandelszone und später die → Zollunion, die in der → Europäischen Gemeinschaft (EG) bereits am 1. Juli 1968 verwirklicht wurde.
Der nächste Schritt auf dem Weg zum Binnenmarkt, die Beseitigung aller Hindernisse für den freien Verkehr von Personen, Waren, Kapital und Dienstleistungen sowie die Angleichung der jeweiligen nationalen Rechtsvorschriften (→ Rechtsangleichung) der EG-Mitgliedstaaten zur Errichtung des Gemeinsamen Marktes, wurde erst Anfang der 80er Jahre getan.

Die wichtigsten Etappen

1982: Der →Europäische Rat in Kopenhagen verpflichtet sich auf das Ziel, den Binnenmarkt voranzubringen.

1984: Der Europäische Rat in Fontainebleau setzt einen ›Ausschuß für institutionelle Fragen‹ ein. Seine Aufgabe: Vorschläge zur Reform der Römischen Verträge.

1984: Das →Europäische Parlament legt seinen Bericht vor: »Verwirklichung des europäischen Binnenmarktes«.

1985: Der ›Ausschuß für institutionelle Fragen‹ legt dem Europäischen Rat seine Vorschläge für Reform und Ergänzung der EG-Verträge vor.

1985: Die →Kommission der EG veröffentlicht das →Weißbuch über die Vollendung des Binnenmarktes bis 1992. Es enthält über 300 Maßnahmen, die zur Realisierung dieses Marktes notwendig sind.

1985: Der Europäische Rat in Mailand beruft eine Regierungskonferenz ein. Ihre Aufgabe: Beratung und Vorschläge zur Erreichung der →Europäischen Union.

1985: Der Europäische Rat in Luxemburg verabschiedet die →Einheitliche Europäische Akte (EEA), die wichtigste Reform der Römischen Verträge seit 1957, und legt das Zieldatum für den Binnenmarkt fest: 31. Dezember 1992.

1987: Nach Ratifizierung durch alle 12 EG-Mitgliedstaaten tritt die EEA in Kraft.

Das Arbeitsprogramm zum Binnenmarkt 1992

Um den Binnenmarkt zu verwirklichen, müssen die im →Weißbuch der EG-Kommission festgelegten rund 300 Einzelmaßnahmen vom →Ministerrat der EG verabschiedet werden. Es geht vor allem um die Beseitigung

- der Waren- und Personenkontrollen an den Binnengrenzen der EG (→Grenzkontrollen, →Freizügigkeit),
- der technischen Schranken im Bereich der Normen, des öffentlichen Auftragswesens, der →Freizügigkeit, des Dienstleistung- und Kapitalverkehrs und der industriellen Zusammenarbeit,
- der steuerlichen Schranken im Bereich der Verbrauchs- und Mehrwertsteuern (→Steuerpolitik).

Da ein Binnenmarkt sich aus vielen einzelnen Teilmärkten zusammensetzt, so dem Arbeitsmarkt, dem Kapitalmarkt, dem Verkehrsmarkt usw., spielen auch Fragen der europäischen →Sozialpolitik, der →Niederlassungsfreiheit, der Berufsausbildung und Anerkennung von →Diplomen, etc. eine wichtige Rolle.

Die Vorteile des Binnenmarktes

Eine von der EG-Kommission in Auftrag gegebene Studie von 1988 – der →Cecchini-Bericht – schätzt die Vorteile, die sich aus der Verwirklichung des Binnenmarktes ergeben, auf jährliche Einsparungen von ca. 430 Milliarden DM.

So bringt der Binnenmarkt EG-weit schätzungsweise
- eine Steigerung des Wirtschaftswachstums um 4,5%,
- eine Steigerung des Bruttosozialproduktes um 4,25 bis 6,5%,
- einen Rückgang der Verbraucherpreise um 6,1%,
- 1,8–5 Millionen neue Arbeitsplätze bis Ende der 90er Jahre,
- eine Entlastung der öffentlichen Haushalte um 2,2% des Bruttoinlandsprodukts,
- eine Steigerung der Handelsbilanz um ca. 1% des Bruttoinlandsprodukts.

Bundesstaat (Föderation)

Der Bundesstaat ist eine Vereinigung von selbständigen Staaten (Gliedstaaten) zu einem neuen Staat (Zentralstaat). Gliedstaaten und Zentralstaat bilden den Gesamtstaat. Der Bundesstaat ist völkerrechtlich gegenüber dem Ausland und staatsrechtlich gegenüber seinen Bürgern ein Staat.
Die Gliedstaaten behalten zwar ihre Staatlichkeit, geben jedoch je nach der in der bundesstaatlichen Verfassung niedergelegten Aufgabenverteilung einen Teil ihrer Zuständigkeiten an den Zentralstaat ab. Aufgaben des Zentralstaats sind in der Regel die Außenpolitik, die Verteidigung, die Währungs- und Zollpolitik und die Verkehrspolitik.

Die Bundesrepublik Deutschland ist ein Bundesstaat. Weitere Beispiele einer Föderation sind: die USA seit 1787, die Schweiz seit 1848, das Deutsche Reich von 1871.

Cecchini-Bericht

Der Cecchini-Bericht, genannt nach seinem Projektleiter Paolo Cecchini, ist eine von der →Kommission der →Europäischen Gemeinschaft (EG) in Auftrag gegebene Studie über den →Binnenmarkt 1992.
Anhand von Umfragen bei 11 000 Unternehmen in der EG analysiert dieser Bericht die wirtschaftlichen Folgen des Binnenmarktes und prognostiziert der EG langfristig Wirtschaftswachstum und Wettbewerbsvorteile, die sich aufgrund der Einsparung von ca. 430 Milliarden DM der heutigen Unkosten des noch nicht verwirklichten Binnenmarktes ergeben. Heute behindern →Grenzkontrollen, technische →Handelshemmnisse, Steuerschranken (→Steuerpolitik) usw. die europäische Wirtschaft. Durch die Schaffung eines Raumes ohne Binnengrenzen entfallen diese den wirtschaftlichen Wettbewerb hemmenden Ausgaben.

Delors-Bericht

Unter dem Vorsitz des seit 1987 amtierenden Präsidenten der →Kommission der →Europäischen Gemeinschaft (EG), Jacques Delors, erarbeitete ein Komitee der Notenbankpräsidenten der 12 EG-Mitgliedstaaten einen Dreistufenplan zur Schaffung der →Wirtschafts- und Währungsunion (WWU), den sog. Delors-Bericht.

Deutsche Demokratische Republik

Die Deutsche Demokratische Republik (DDR) ist (noch) nicht Mitglied der →Europäischen Gemeinschaft (EG). Im Rahmen der Handelsbeziehungen mit der Bundesrepublik Deutschland (→Innerdeutscher Handel und EG) gilt die DDR dennoch nicht als Drittland im Sinne des Vertrages über die Gründung der →Europäischen Wirtschaftsgemeinschaft (EWG) (→Römische Verträge). Der innerdeutsche Handel nimmt vielmehr eine Sonderstellung ein, die in einem Zusatz zum EWG-Vertrag geregelt ist. Der innerdeutsche Handel ist zoll- und abschöpfungsfrei, mehrwertsteuerbegünstigt und wird von der Bundesrepublik Deutschland nicht als Außenhandel bewertet.

Aktuelle Entwicklungen DDR–EG

In einem offiziellen Memorandum des neuen Ministerpräsidenten der DDR, Hans Modrow, von Mitte November 1989 an die →Kommission der EG, bittet die Regierung der DDR um Zusammenarbeit in Wirtschaft, Handel, Wissenschaft, Technik, Umwelt, Transport, Fischerei, Statistik, Standardisierung, Kultur, Bildung, Information und humanitären Bereichen. Außerdem sei die DDR zu politischen Konsultationen im Rahmen der →Europäischen Politischen Zusammenarbeit (EPZ) bereit. Das Memorandum verspricht umfassende Wirtschaftsreformen, den Ausbau eines sozialistischen Rechtsstaates sowie freie, allgemeine und geheime Wahlen in der DDR. Allerdings sei die Existenz beider deutscher Staaten in den bestehenden Grenzen und ihre jeweilige Bündniszugehörigkeit (→NATO, →Warschauer Pakt) die Grundvoraussetzung europäischer Sicherheit.

Auf dem EG-Gipfel am 8./9. Dezember 1989 verabschiedete der Europäische Rat eine Osteuropa-Erklärung, in der das Recht der Deutschen auf Einheit durch freie Selbstbestimmung innerhalb eines europäischen Rahmens anerkannt wird:

> »Wir streben einen Zustand des Friedens an, in dem das deutsche Volk seine Einheit durch freie Selbstbestimmung wiedererlangt. Dieser Prozeß muß sich auf demokratische und friedliche Weise unter Wahrung der Abkommen und Verträge auf Grundlage sämtlicher in der Schlußakte von Helsinki niedergelegten Grundsätzen und in Zusammenhang von Dialog und Ost-West-Kooperation vollziehen. Er muß sich in die Perspektive der europäischen Integration einfügen.«

Handels- und Kooperationsabkommen DDR–EG

Nach Öffnung der Berliner Mauer am 9. November 1989 beschloß der → Europäische Rat auf einem Sondergipfel in Paris, die Zusammenarbeit mit der DDR innerhalb der EG durch die Aufnahme von Handelsverhandlungen weiterzuentwickeln. Ziel der Verhandlungen war ein Kooperationsabkommen, das kurzfristig ausgearbeitet und am 13. März 1990 in Brüssel paraphiert wurde. Bei beiderseitigen Verpflichtungen zur Erleichterung des Handelsaustauschs verpflichtet sich darin die EG insbesondere, schrittweise die bestehenden mengenmäßigen Einfuhrbeschränkungen für DDR-Produkte aufzuheben.

Das Abkommen soll dazu beitragen, daß sich die DDR schon im Vorfeld einer sich abzeichnenden deutschen Einheit handels- und wirtschaftspolitisch gegenüber der EG öffnet. Es steht insoweit in einem ergänzenden Zusammenhang mit dem innerdeutschen Prozeß der Herstellung eines einheitlichen Wirtschaftsgebietes. Das System des → Innerdeutschen Handels wird durch das Abkommen nicht berührt.

Deutsch-Französischer Vertrag

Am 22. Januar 1963 unterzeichneten Bundeskanzler Konrad Adenauer und der französische Staatspräsident Charles de Gaulle in Paris den Deutsch-Französischen Freundschaftsvertrag (Elysée-Vertrag). Dieser historische Vertrag setzte unter die alte sog. Erbfeindschaft beider Völker einen Schlußstrich und besiegelte die Aussöhnung zwischen Deutschen und Franzosen.

Inhalt und Ziel

Der Vertrag schreibt in der Außen-, Wirtschafts-, Verteidigungs- und Kulturpolitik regelmäßige Konsultationen und Treffen sowohl der Fachminister als auch der Staats- und Regierungschefs beider Länder vor. Ziel dieser Konferenzen und Gipfeltreffen ist es, die deutsch-französische Zusammenarbeit auf allen Gebieten zu vertiefen und die europäische →Integration innerhalb der →Europäischen Gemeinschaft (EG) voranzutreiben. Außerdem sieht der Vertrag die Errichtung eines Deutsch-Französischen Jugendwerks vor, um den gegenseitigen →Jugendaustausch zu verstärken.

Die Präambel

Der Deutsche Bundestag bestand darauf, dem Vertrag auf deutscher Seite eine Präambel voranzustellen. Sie betont die Zugehörigkeit der Bundesrepublik Deutschland zum

Bundeskanzler Konrad Adenauer (links) und Staatspräsident Charles de Gaulle (rechts) nach der Unterzeichnung des Deutsch-Französischen Freundschaftsvertrags am 22. Januar 1963.

westlichen Bündnis der →NATO und die Freundschaft zu den Vereinigten Staaten von Amerika. Hierdurch sah man in Frankreich den Vertrag entwertet, da er dem Ziel de Gaulles, ein »Europa der Vaterländer« unter der Führung Frankreichs zu schaffen, widersprach.
Aufgrund dieser Differenzen und unterschiedlicher Standpunkte stagnierte die deutsch-französische Zusammenarbeit in den folgenden Jahren. Sie wurde unter Bundeskanzler Helmut Schmidt und Präsident Valéry Giscard d'Estaing wiederbelebt und entwickelte sich unter Bundeskanzler Helmut Kohl und Präsident François Mitterrand zum deutsch-französischen Motor der europäischen Einigung.

Dienstleistungsfreiheit

Die Dienstleistungsfreiheit ist eine der vier Freiheiten, die im europäischen →Binnenmarkt verwirklicht werden sollen. Ziel der →Europäischen Gemeinschaft (EG) ist es, im Binnenmarkt den freien Verkehr von Personen (→Freizügigkeit), Waren (→Handelshemmnisse), Kapital (→Kapitalverkehr) und Dienstleistungen herzustellen. Zu den Dienstleistungen gehören u.a. das Versicherungswesen (→Versicherungen), das Fernmeldewesen (→Telekommunikation) und das Verkehrs- und Transportwesen (→Verkehrspolitik).

Diplome

Um die berufliche →Freizügigkeit und die →Niederlassungsfreiheit für Bürger der →Europäischen Gemeinschaft (EG) innerhalb der EG zu garantieren, müssen die Diplome eines jeden EG-Staates in der ganzen EG gelten. Bisher wurden die Diplome der Ärzte, Zahnärzte, Tierärzte, Krankenschwestern, Krankenpfleger, Hebammen, Apotheker und Architekten gegenseitig anerkannt.

Die neue Regelung

1988 hat der →Ministerrat der EG die allgemeine gegenseitige Anerkennung der Hochschuldiplome ab 1991 beschlossen. Alle Diplome, die nach einem mindestens dreijährigen Hochschul- oder Fachhochschulstudium in einem EG-Land erworben werden, gelten damit EG-weit. Wenn sich die Studiengänge zwischen zwei EG-Ländern jedoch inhaltlich stark unterscheiden, können Anpassungslehrgänge oder Eignungsprüfungen verlangt werden.
Für Arbeitnehmer ohne Studium gibt es bisher nur für einzelne Bereiche berufliche Befähigungsnachweise, die in allen 12 EG-Ländern gelten, so im Hotel- und Gaststättengewerbe, im Bauwesen und im Kfz-Handwerk.

ECE

Die Wirtschaftskommission für Europa (ECE = *E*conomic *C*ommission for *E*urope) wurde 1947 als regionale Wirtschaftskommission der Vereinten Nationen gegründet.

ECU

ECU ist die Abkürzung für *E*uropean *C*urrency *U*nit, die englische Bezeichnung für die europäische Währungseinheit. Gleichzeitig erinnert die Abkürzung ECU an eine französische Silbermünze, die im Mittelalter geprägt wurde. Seit Schaffung des →Europäischen Währungssystems (EWS) löst der ECU die frühere Europäische Rechnungseinheit (ERE) ab.

Funktion des ECU

Der ECU ist bisher weder als Banknote noch als Münze im Umlauf. Er ist eine Verrechnungseinheit und dient

- als Bezugsgröße für die Wechselkurse,
- als Recheneinheit für Forderungen und Verbindlichkeiten im Europäischen Währungssystem (EWS),
- als Währungsreserve der Zentralbanken der EG-Mitgliedstaaten.

In ECU werden außerdem

- der →Haushalt der EG erstellt,

- alle →Zölle und ähnliche Einfuhrabgaben an den Außengrenzen der EG erhoben,
- die einheitlichen Agrarpreise im gemeinsamen Agrarmarkt (→Agrarpolitik) festgesetzt,
- die Leistungen der EG an Entwicklungsländer berechnet.

In einigen EG-Ländern gibt es bereits Girokonten, Sparbücher, Euroschecks oder Reiseschecks in ECU.

Zusammensetzung des ECU

Der ECU ist eine ›Korbwährung‹. Da die einzelnen EG-Staaten wirtschaftlich unterschiedlich stark sind, sind auch ihre Währungen mit unterschiedlich großen, aber fest vereinbarten Beträgen im ECU-Korb vertreten. Die Zusammensetzung der Anteile der einzelnen EG-Währungen im gemeinsamen Währungskorb wird alle fünf Jahre überprüft. Bei der Überprüfung am 19. September 1989 wurden erstmals auch die spanische Peseta und der portugiesische Escudo in den ECU-Korb als Gemeinschaftswährung einbezogen. Damit sind die Währungen aller 12 EG-Staaten im ECU vertreten.

Aufgrund der beschlossenen Anteile errechnet die →Kommission der EG für die Korbzusammensetzung die genauen Währungsbeträge für jede der 12 nationalen Währungen auf der Basis der aktuellen Marktkurse. Ein ECU entspricht in etwa 2,07 DM. Zur Zeit setzt sich ein ECU folgendermaßen zusammen:

Deutsche Mark (DM)	34,93 %
Französischer Franc (FF)	18,97 %
Pfund Sterling (£)	11,87 %

Holländischer Gulden (hfl)	11,04 %
Italienische Lira (Lit)	9,44 %
Belgischer Franc (bfr)	8,74 %
Dänische Krone (dkr)	2,79 %
Irisches Pfund (Ir £)	1,13 %
Luxemburgischer Franc (lfr)	0,33 %
Drachme (Dr)	0,76 %

EFTA

Die Europäische Freihandelszone (EFTA = *E*uropean *F*ree *T*rade *A*ssociation) wurde am 20. November 1959 von Dänemark, Großbritannien, Norwegen, Österreich, Portugal, Schweden und der Schweiz gegründet. Sie war eine Reaktion auf die Gründung der →Europäischen Wirtschaftsgemeinschaft (EWG), der diese Länder aus verschiedenen Gründen damals nicht beitreten wollten. 1970 wurden Island, 1986 Finnland und 1989 Liechtenstein Mitglieder der EFTA.

Ziel der EFTA war es, durch intensiveren Handel innerhalb der Freihandelszone den als Folge der EWG-Gründung befürchteten Rückgang des Warenaustausches mit den EWG-Mitgliedstaaten auszugleichen. Als Freihandelszone gelang der EFTA bereits bis 1966 der Abbau praktisch aller →Zölle und Handelsbeschränkungen (→Kontingente) im Handel mit gewerblichen Gütern zwischen den Partnerstaaten. Nicht einbezogen in den Freihandel blieben Agrarerzeugnisse und Meeresprodukte.

Da im Verhältnis zu Drittländern ein gemeinsamer Außenzoll (→Zollunion) nicht geschaffen wurde und auch die Handelspolitik insoweit in der Kompetenz der Einzelstaaten verblieb, kann jedes EFTA-Mitglied im Warenverkehr mit Drittländern Zölle und Mengenbeschränkungen nach eigenem Ermessen festlegen.
Einziges Organ der EFTA ist der aus Vertretern der Regierungen zusammengesetzte Ministerrat, der seine Beschlüsse einstimmig faßt. Die laufenden Geschäfte führt ein Sekretariat mit Sitz in Genf.

Beziehungen EFTA – EG

Der wirtschaftliche Erfolg der EFTA blieb begrenzt. Sie verlor deutlich an Bedeutung, als am 1. Januar 1973 Großbritannien, Irland und Dänemark und am 1. Januar 1986 Portugal der EG beitraten und damit aus der EFTA ausschieden.
Die EG schloß 1973 mit der Rest-EFTA ein Freihandelsabkommen. Zölle und mengenmäßige Beschränkungen für gewerbliche Produkte im Handel zwischen EG und EFTA wurden stufenweise bis 1977 beseitigt. Um die EFTA-Länder ab 1. Januar 1993 stärker am europäischen →Binnenmarkt zu beteiligen, wurden 1989 vorbereitende Gespräche zwischen EG und EFTA zur Gründung eines ›Europäischen Wirtschaftsraumes‹ eingeleitet. Die Verhandlungen beginnen ab 1990. Gleichzeitig mit dem Binnenmarkt soll der Europäische Wirtschaftsraum zwischen EG und EFTA in Kraft treten. Im Vordergrund stehen u.a.:
– die Verwirklichung der sog. vier Freiheiten: der freie

Verkehr von Personen, Dienstleistungen, Waren und Kapital,
- eine Beteiligung der EFTA-Staaten am Entscheidungsprozeß der EG unter Wahrung der Entscheidungsautonomie der EG-Mitgliedstaaten,
- Mitwirkung der EFTA an EG-Programmen in Forschung, Umwelt und Ausbildung.

EG-Präsidentschaft

Die EG-Präsidentschaft bezeichnet den Vorsitz im →Europäischen Rat der Staats- und Regierungschefs. Die Präsidentschaft wechselt alle sechs Monate von einem EG-Mitgliedstaat auf einen anderen, wobei sich die Reihenfolge aus der alphabetischen Folge der Ländernamen in ihrer jeweiligen Sprache ergibt:
Belgique/Belgie, Danmark, Bundesrepublik Deutschland, Ellas, España, France, Ireland, Italia, Luxembourg, Nederland, Portugal, United Kingdom.

Einheitliche Europäische Akte

Am 2./3. Dezember 1985 verabschiedete der →Europäische Rat in Luxemburg die Einheitliche Europäische Akte

(EEA). Sie ist nach Ratifizierung durch alle 12 Mitgliedstaaten der →Europäischen Gemeinschaft (EG) seit dem 1. Juli 1987 in Kraft. Die EEA ist das wichtigste Reformwerk seit Gründung der EG 1957 und bedeutet einen wichtigen Schritt auf dem Weg zur →Europäischen Union. Die EEA ergänzt die →Römischen Verträge von 1957 um die neuen gemeinschaftlichen Tätigkeitsbereiche →Europäische Umweltpolitik sowie →Forschung und Technologie. Sie schafft somit die rechtlichen Voraussetzungen zur grenzüberschreitenden Verhütung und Bekämpfung von Umweltschäden und zur Zusammenarbeit in Forschung und Technologie.
Als weitere Neuerung ist in der EEA die seit 1970 bestehende →Europäische Politische Zusammenarbeit (EPZ) vertraglich verankert worden. Hierdurch erhält die gemeinsame Außenpolitik der 12 Mitgliedstaaten eine völkerrechtlich verbindliche Grundlage.
Außerdem wird durch die EEA das Beschlußverfahren im Europäischen Rat beschleunigt. In vielen Bereichen ersetzen Mehrheitsentscheidungen nun den bisher geltenden Grundsatz der Einstimmigkeit (→qualifizierte Mehrheit).
Auch das →Europäische Parlament wird durch die EEA in seinen Befugnissen gestärkt. Neben Mitspracherechten in der Finanz- und Haushaltspolitik (→Haushalt der EG) erhält das Straßburger Parlament Mitwirkungsrechte bei der Gesetzgebung (→europäisches Gemeinschaftsrecht) und Mitentscheidungsrechte über EG-Abkommen mit Drittländern.
Mit diesen Reformen legt die EEA den Grundstein zur Vollendung des →Binnenmarktes 1992 und setzt das Ziel, diesen bis zum 31. Dezember 1992 zu erreichen, fest.

Entwicklungshilfe, europäische

Die Grundlinien einer europäischen Entwicklungspolitik wurden bereits bei der Gründung der →Europäischen Wirtschaftsgemeinschaft (EWG) 1957 festgelegt. Außereuropäische Länder und Hoheitsgebiete, zu denen einige Mitgliedstaaten der EWG besondere (z. B. koloniale) Beziehungen unterhielten, wurden mit der Gemeinschaft assoziiert (→Assoziierung). Der EWG-Vertrag von 1957 (→Römische Verträge) nennt als Ziel der Assoziierung, die wirtschaftliche und soziale Entwicklung dieser früheren Kolonialgebiete zu fördern und enge Wirtschaftsbeziehungen zwischen ihnen und der gesamten Gemeinschaft herzustellen. Mit dem bereits 1957 eingerichteten →Europäischen Entwicklungsfonds (EEF) wurde die EWG frühzeitig entwicklungspolitisch aktiv.

Abkommen und Verträge

Der EWG-Vertrag läßt sowohl eine regionale als auch eine globale Entwicklungspolitik zu. Regional hat die heutige →Europäische Gemeinschaft (EG) ihre Entwicklungshilfe auf Länder in Afrika sowie im karibischen und pazifischen Raum (→AKP-Staaten) konzentriert. Mit diesen Ländern ist sie durch das →Lomé-Abkommen seit 1975 eng verbunden.

Ähnliche Handelsvorteile werden auch den um das Mittel-

meer liegenden ärmeren Ländern gewährt. Von ihnen sind die Türkei, Zypern und Malta mit der EG assoziiert.
Im Rahmen ihrer weltweiten Entwicklungspolitik hat die EG u.a. Kooperationsabkommen mit Entwicklungsländern in Asien und Lateinamerika geschlossen. Die EG gewährt diesen Ländern allgemeine Zollpräferenzen und technische Hilfe. Seit 1987 unterstützt sie die ärmsten Länder der Dritten Welt beim Ausgleich ihrer Exporterlöseinbußen. Mit den sog. ASEAN-Staaten (*A*ssociation of *S*outh *E*ast *A*sian *N*ations: Brunei, Indonesien, Malaysia, die Philippinen, Singapur und Thailand) existiert seit 1980 ein Kooperationsabkommen, das u.a. finanzielle Hilfe für diese Region vorsieht.
Außerdem unterstützt die EG internationale Entwicklungshilfeorganisationen und leistet Katastrophenhilfe.

ESPRIT

Das 1989 vom →Ministerrat der →Europäischen Gemeinschaft (EG) verabschiedete und für einen Zeitraum von 10 Jahren vorgesehene Projekt ESPRIT (European Strategic Programme for Research) betrifft Forschungs- und Entwicklungsvorhaben in der EG, die in grenzüberschreitender Kooperation zwischen Unternehmen, Universitäten und Forschungsinstituten durchgeführt werden.
ESPRIT gehört – neben →RACE und BRITE – zu den wichtigsten Fördermaßnahmen für die Aufgabenbereiche Information und →Telekommunikation, Energie, →For-

schung und industrielle Modernisierung. Beteiligungen am ESPRIT-Programm werden öffentlich ausgeschrieben. An jedem Projekt müssen mindestens zwei Industrieunternehmen aus zwei verschiedenen EG-Mitgliedstaaten teilnehmen. Bei der Suche nach geeigneten Partnerunternehmen ist die Generaldirektion XIII der →Kommission der EG behilflich.

Die derzeit laufende zweite Phase von ESPRIT sieht Arbeiten vor in den Bereichen

- Mikroelektronik und Technologie der Peripheriegeräte;
- Informations- und Verarbeitungssysteme;
- IT-Anwendungssysteme (Computerintegrierte Fertigung und integrierte Bürosysteme).

EUREKA

EUREKA (= *Eu*ropean *Re*search *C*oordination *A*ctivity) ist eine europäische Initiative zur verstärkten Zusammenarbeit in →Forschung und →Technologie. Am 17. Juli 1985 wurde EUREKA in Paris gegründet. EUREKA-Mitglieder sind die 12 Staaten der →Europäischen Gemeinschaft (EG), die →Kommission der EG, die Türkei sowie die Länder der →EFTA. Ziele von EUREKA sind die verstärkte industrielle, technologische und wissenschaftliche Zusammenarbeit von Unternehmen und Forschungsinstituten, um die Wettbewerbsfähigkeit Europas auf dem Weltmarkt zu steigern. Die ausschließlich zivilen

Projekte werden von Industrie, Wissenschaft und den Regierungen der beteiligten Länder bestimmt. EUREKA hat ein Sekretariat in Brüssel. Bisher gibt es 210 EUREKA-Projekte. Die Bundesrepublik Deutschland ist an 65 Projekten beteiligt.

Eurocontrol

Eurocontrol, die europäische Organisation für Flugsicherung, wurde 1960 durch das internationale Übereinkommen über Zusammenarbeit zur Sicherung der Luftfahrt gegründet. Mitgliedstaaten sind die →Beneluxländer, Frankreich, Großbritannien, Irland und die Bundesrepublik Deutschland.
Aufgabe von Eurocontrol ist in erster Linie die Lenkung und Überwachung des Luftverkehrs in Höhenbereichen über 7 500 Metern, also im oberen Luftraum der Mitgliedstaaten, sowie außerhalb von Hoheitsgebieten. Die Hoheitsgewalt für ihren Luftraum haben die Mitgliedstaaten insoweit auf Eurocontrol übertragen.

Eurokratie

Eurokratie ist die mitunter inoffiziell verwendete Bezeichnung für die vermeintliche Bürokratie der → Europäischen Gemeinschaft (EG). In den → Organen der EG in Straßburg, Brüssel und Luxemburg sind ca. 18 000 Bedienstete auf Dauer oder auf Zeit beschäftigt. Einige Zahlenbeispiele:

- Auf 100 000 Bürger der 320 Millionen Menschen umfassenden EG entfallen mehr als 4 000 nationale Beamte und Angestellte, jedoch nur sechs der Gemeinschaft.
- Die Kosten für das → Europäische Parlament betrugen 1985 rund 533 Millionen DM, einschließlich aller Dolmetscher und Übersetzer für die neun → Amtssprachen der EG. Das macht 1,67 DM pro EG-Bürger. Der Deutsche Bundestag kostete 1985 420 Millionen DM, das sind 7 DM pro Bundesbürger.
- Die → Kommission der EG beschäftigt etwa 800 Mitarbeiter für die europäische → Agrarpolitik. Im Bundeslandwirtschaftsministerium mit seinen nachgeordneten Behörden sind dagegen mehr als 5 400 Mitarbeiter beschäftigt.

Europa: Gliederung nach Staaten

Der Kontinent Europa gliedert sich derzeit in 34 selbständige, → souveräne Staaten (einschließlich der Sowjetunion, deren europäischer Teil etwa bis zum Ural reicht).
Der von der Flächenausdehnung größte Staat Europas – nach der Sowjetunion – ist Frankreich, gefolgt von Spanien und Schweden. Deutschland wäre selbst nach einer (Wieder-)Vereinigung der beiden deutschen Staaten erst das fünftgrößte Land Europas und nur geringfügig größer als Finnland, Norwegen oder Polen. Der kleinste souveräne Staat Europas ist der Vatikanstaat mit Papst Johannes Paul II. als Staatsoberhaupt.
Der Staat mit der – nach der Sowjetunion – höchsten Einwohnerzahl (absolut) ist die Bundesrepublik Deutschland, gefolgt von Italien, Großbritannien und Frankreich.

Staatsformen

Die bisherige gängige Unterteilung des europäischen Kontinents in parlamentarische Demokratien Westeuropas und sozialistischen → Volksrepubliken Osteuropas ist von den seit 1989 in Gang gekommenen Entwicklungen in den osteuropäischen Staaten überholt worden. Die ehemals sozialistischen Staaten Osteuropas, Ungarn, Polen, die Tschechoslowakei, Rumänien oder die → Deutsche Demokratische Republik (DDR), befinden sich auf dem Weg hin zu parlamentarisch-demokratischen Republiken.

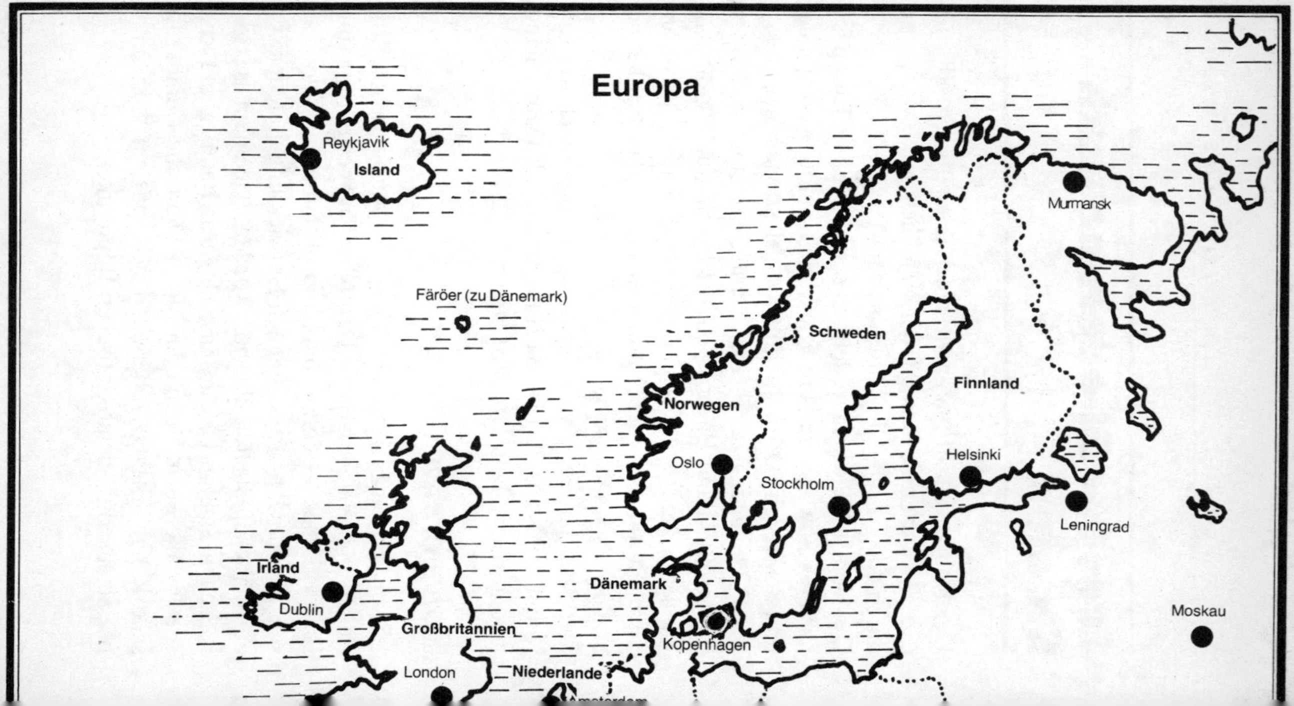
Europa
Reykjavik
Island
Färöer (zu Dänemark)
Murmansk
Schweden
Finnland
Norwegen
Oslo
Stockholm
Helsinki
Leningrad
Moskau
Irland
Dublin
Dänemark
Großbritannien
Kopenhagen
London
Niederlande

Warschau
Bonn
Lux.
Bundesrep.
Deutschland
Prag
Tschechoslowakei
Paris
Kiew
Liechtenstein
Wien
Bern
Frankreich
Österreich
Schweiz
Budapest
Odessa
Ungarn
Rumänien
Portugal
Italien
Andorra
Jugoslawien
Bukarest
Madrid
Monaco
Belgrad
Barcelona
Lissabon
San Marino
Bulgarien
Spanien
Rom
Sofia
Albanien
Gibraltar
Tirana
Ankara
Griechenland
Türkei
Athen
Valletta
Malta

Die Staaten Westeuropas, in denen sich die Monarchie erhalten hat, sind ausnahmslos konstitutionelle Monarchien, also Königreiche oder Fürstentümer mit einer Verfassung, die eine parlamentarisch-demokratische Regierungsform garantiert.

Religionen

Die in den Staaten Europas vorherrschende Religion ist das Christentum. Mit Ausnahme von Albanien, wo ein religiöses Bekenntnis untersagt ist, könnte man – bezogen auf die vorherrschende religiöse Ausrichtung Europas – auch heute noch vom »christlichen Abendland« sprechen. Die Ausprägungen des in Europa praktizierten Christentums sind vielfältig; sie reichen von der katholischen und evangelischen Kirche über die griechisch-, rumänisch- oder russisch-orthodoxe Kirche bis zur anglikanischen Staatskirche Englands.

Die Länder

Albanien
Fläche 28 748 km^2
Einwohner: 3,0 Millionen (1986)
Einwohner pro km^2: 105
Hauptstadt: Tirana (250 000 Einwohner)
Staatssprache: Albanisch
Staatsform: Sozialistische Volksrepublik
Währung: Lek (1 Lek = 100 Qindarka)
Internationales Kfz-Kennzeichen: AL

Andorra
Fläche: 453 km^2
Einwohner: 47 000 (1986)
Einwohner pro km^2: 104
Hauptstadt: Andorra la Vella (16 000, Stadtgebiet 5 500 Einwohner)
Staatssprache: Katalanisch, Französisch, Spanisch
Staatsform: Fürstentum
Währung: Französischer Franc, Spanische Peseta
Internationales Kfz-Kennzeichen: AND

Belgien
Fläche: 30 513 km^2
Einwohner: 9,8 Millionen (1987)
Einwohner pro km^2: 324
Hauptstadt: Brüssel (1,0 Millionen Einwohner)
Staatssprache: Französisch, Niederländisch, regional Deutsch
Staatsform: Parlamentarisch-demokratische Monarchie
Währung: Belgischer Franc (1 bfr = 100 Centimes)
Internationales Kfz-Kennzeichen: B

Mitglied der →Europäischen Gemeinschaft (EG), des →Europarates und der →NATO.

Bulgarien
Fläche: 110 912 km^2
Einwohner: 9,0 Millionen (1987)
Einwohner pro km^2: 81
Hauptstadt: Sofia (1,1 Millionen Einwohner)
Staatssprache: Bulgarisch

Staatsform: Volksrepublik
Währung: Lew (1 Lw = 100 Stótinki)
Internationales Kfz-Kennzeichen: BG

Mitglied des →Rates für Gegenseitige Wirtschaftshilfe (RGW; Comecon) und des →Warschauer Paktes.

Dänemark
Fläche: 43 069 km^2 (ohne Färöer und Grönland)
Einwohner: 5,1 Millionen (1987)
Einwohner pro km^2: 119
Hauptstadt: Kopenhagen (1,4 Millionen Einwohner)
Staatssprache: Dänisch
Staatsform: Parlamentarisch-demokratische Monarchie
Währung: Dänische Krone (1 dkr = 100 Øre)
Internationales Kfz-Kennzeichen: DK

Mitglied der →Europäischen Gemeinschaft (EG), des →Europarates und der →NATO.

Deutschland – Bundesrepublik
Fläche: 248 709 km^2 (einschließlich West-Berlin)
Einwohner: 61,19 Millionen (1987)
Einwohner pro km^2: 246
Hauptstadt: Bonn (291 000 Einwohner)
Staatssprache: Deutsch
Staatsform: Parlamentarisch-demokratischer Bundesstaat
Währung: Deutsche Mark (1 DM = 100 Pfennige)
Internationales Kfz-Kennzeichen: D

Mitglied der →Europäischen Gemeinschaft (EG), des →Europarates und der →NATO.

Deutsche Demokratische Republik

Fläche: 108 333 km^2 (einschließlich Ost-Berlin)
Einwohner: 16,7 Millionen (1987)
Einwohner pro km^2: 153,8
Hauptstadt: Berlin/Ost (1,26 Millionen Einwohner)
Staatssprache: Deutsch
Staatsform: Auf Grund der ersten freien Volkskammerwahlen vom 18. März 1990 eine Republik mit demokratisch legitimierter Regierung
Währung: Mark der DDR (1 M = 100 Pfennige)
Internationales Kfz-Kennzeichen: DDR

Mitglied des →Rates für Gegenseitige Wirtschaftshilfe (RGW; Comecon) und des →Warschauer Paktes.

Finnland

Fläche: 338 107 km^2
Einwohner: 4,9 Millionen (1987)
Einwohner pro km^2: 15
Hauptstadt: Helsinki (486 000 Einwohner)
Staatssprache: Finnisch, Schwedisch
Staatsform: Parlamentarisch-demokratische Republik
Währung: Finnmark (1 Fmk = 100 Penniä)
Internationales Kfz-Kennzeichen: SF

Mitglied im →Nordischen Rat und im →Europarat.

Frankreich

Fläche: 547 026 km^2 (einschließlich Korsika, aber ohne Übersee-Départements)
Einwohner: 55,6 Millionen (1987)
Einwohner pro km^2: 102

Hauptstadt: Paris (8,7 Millionen Einwohner)
Staatssprache: Französisch
Staatsform: Parlamentarisch-demokratische Republik
Währung: Französischer Franc (1 FF = 100 Centimes)
Internationales Kfz-Kennzeichen: F

Mitglied der →Europäischen Gemeinschaft (EG), des →Europarates und der →NATO.

Griechenland
Fläche: 131 944 km^2
Einwohner: 9,96 Millionen (1987)
Einwohner pro km^2: 76
Hauptstadt: Athen (3,1 Millionen Einwohner)
Staatssprache: Neugriechisch
Staatsform: Parlamentarisch-demokratische Republik
Währung: Drachme (1 Dr. = 100 Lepta)
Internationales Kfz-Kennzeichen: GR

Mitglied der →Europäischen Gemeinschaft (EG), des →Europarates und der →NATO.

Großbritannien und Nordirland
Fläche: 244 046 km^2
Einwohner: 56,9 Millionen (1987)
Einwohner pro km^2: 233
Hauptstadt: London (2,0 Millionen Einwohner)
Staatssprache: Englisch
Staatsform: Parlamentarisch-demokratische Monarchie
Währung: Pfund Sterling (1 £ = 100 New Pence)
Internationales Kfz-Kennzeichen: GB

Mitglied der →Europäischen Gemeinschaft (EG), des →Europarates und der →NATO.

Irland
Fläche: 70 283 km^2
Einwohner: 3,5 Millionen (1987)
Einwohner pro km^2: 50
Hauptstadt: Dublin (600 000 Einwohner)
Staatssprache: Irisch, Englisch
Staatsform: Parlamentarisch-demokratische Republik
Währung: Irisches Pfund (1 Ir £ = 100 New Pence)
Internationales Kfz-Kennzeichen: IRL

Mitglied der →Europäischen Gemeinschaft (EG) und des →Europarates.

Island
Fläche: 102 829 km^2
Einwohner: 244 000 (1987)
Einwohner pro km^2: 2,4
Hauptstadt: Reykjavík (89 000 Einwohner)
Staatssprache: Isländisch
Staatssprache: Parlamentarisch-demokratische Republik
Währung: Isländische Krone (1 iKr = 100 Aurar)
Internationales Kfz-Kennzeichen: IS

Mitglied der →Europäischen Freihandelszone (EFTA), des →Nordischen Rates, des →Europarates und der →NATO.

Italien
Fläche: 301 252 km²
Einwohner: 57,3 Millionen (1987)
Einwohner pro km²: 190
Hauptstadt: Rom (2,9 Millionen Einwohner)
Staatssprache: Italienisch
Staatsform: Parlamentarisch-demokratische Republik
Währung: Italienische Lira (1 Lit = 100 Centesimi)
Internationales Kfz-Kennzeichen: I

Mitglied der →Europäischen Gemeinschaft (EG), des →Europarates und der →NATO.

Jugoslawien
Fläche: 255 804 km²
Einwohner: 23,27 Millionen (1986)
Einwohner pro km²: 91
Hauptstadt: Belgrad (1,4 Millionen Einwohner)
Staatssprache: Serbisch, Kroatisch, Slowenisch, Mazedonisch
Staatsform: Volksrepublik auf bundesstaatlicher Grundlage
Währung: Dinar (1 Din = 100 Para)
Internationales Kfz-Kennzeichen: YU

Liechtenstein
Fläche: 160 km²
Einwohner: 28 181 (1988)
Einwohner pro km²: 176
Hauptstadt: Vaduz (4 900 Einwohner)
Staatssprache: Deutsch

Staatsform: Konstitutionelle (parlamentarisch-demokratische) Erbmonarchie
Währung: Schweizer Franken (1 sfr = 100 Rappen)
Internationales Kfz-Kennzeichen: FL

Mitglied des →Europarates und der →Europäischen Freihandelszone (EFTA).

Luxemburg
Fläche: 2 586 km^2
Einwohner: 372 000 (1987)
Einwohner pro km^2: 144
Hauptstadt: Luxemburg (79 000 Einwohner)
Staatssprache: Letzeburgisch, Deutsch, Französisch
Staatsform: Parlamentarisch-demokratische Monarchie
Währung: Luxemburgischer Franc (1 lfr = 100 Centimes)
Internationales Kfz-Kennzeichen: L

Mitglied der →Europäischen Gemeinschaft (EG), des →Europarates und der →NATO.

Malta
Fläche: 315,6 km^2
Einwohner: 345 000 (1986)
Einwohner pro km^2: 1 093
Hauptstadt: Valletta (14 000 Einwohner)
Staatssprache: Maltesisch, Englisch
Staatsform: Parlamentarische Republik
Währung: Maltesische(s) Lira/Pfund (1 £M = 100 Cents = 1 000 Mils)
Internationales Kfz-Kennzeichen: M

Mitglied des →Europarates.

Monaco

Fläche: 1,95 km^2
Einwohner: 28 000 (1987)
Einwohner pro km^2: 13 846 (Monegassen genannt)
Hauptstadt: Monaco-Ville (1 234 Einwohner)
Staatssprache: Französisch
Staatsform: Konstitutionelles erbliches Fürstentum im Zollverband mit Frankreich
Währung: Französischer Franc (1 FF = 100 Centimes)
Internationales Kfz-Kennzeichen: MC

Niederlande

Fläche: 41 864 km^2 (einschließlich Binnengewässer)
Einwohner: 14,6 Millionen (1987)
Einwohner pro km^2: 351 (auf der Landfläche, ohne Binnengewässer: 433)
Hauptstadt: Amsterdam (680 000 Einwohner)
Staatssprache: Niederländisch
Staatsform: Parlamentarisch-demokratische Monarchie
Währung: Holländischer Gulden (1 hfl = 100 Cents)
Internationales Kfz-Kennzeichen: NL

Mitglied der →Europäischen Gemeinschaft (EG), des →Europarates und der →NATO.

Norwegen

Fläche: 323 877 km² (mit Binnengewässer, ohne Svålbard und Jan Mayen)
Einwohner: 4,2 Millionen (1987)
Einwohner pro km²: 13
Hauptstadt: Oslo (450 000 Einwohner)
Staatssprache: Norwegisch
Staatsform: Parlamentarisch-demokratische Monarchie
Währung: Norwegische Krone (1 nkr = 100 Øre)
Internationales Kfz-Kennzeichen: N

Mitglied der →Europäischen Freihandelszone (EFTA), des →Nordischen Rates, des →Europarates und der →NATO.

Österreich

Fläche: 83 854 km²
Einwohner: 7,6 Millionen (1987)
Einwohner pro km²: 90
Hauptstadt: Wien (1,5 Millionen Einwohner)
Staatssprache: Deutsch
Staatsform: Parlamentarisch-demokratischer Bundesstaat
Währung: Schilling (1 S = 100 Groschen)
Internationales Kfz-Kennzeichen: A

Mitglied der →Europäischen Freihandelszone (EFTA) und des →Europarates.

Polen
Fläche: 312677 km^2
Einwohner: 37,8 Millionen (1987)
Einwohner pro km^2: 120
Hauptstadt: Warschau (1,65 Millionen Einwohner)
Staatssprache: Polnisch
Staatsform: Sozialistische Volksrepublik auf dem Weg zu einer parlamentarischen Demokratie
Währung: Złoty (1 Z = 100 Groszy)
Internationales Kfz-Kennzeichen: PL

Mitglied des →Rates für Gegenseitige Wirtschaftshilfe (RGW; Comecon) und des →Warschauer Paktes.

Portugal
Fläche: 92082 km^2 (einschließlich Binnengewässer)
Einwohner: 10,28 Millionen (1987)
Einwohner pro km^2: 111
Hauptstadt: Lissabon (830000 Einwohner)
Staatssprache: Portugiesisch
Staatsform: Parlamentarisch-demokratische Republik
Währung: Escudo (1 Esc = 100 Centavos)
Internationales Kfz-Kennzeichen: P

Mitglied der →Europäischen Gemeinschaft (EG), des →Europarates und der →NATO.

Rumänien
Fläche: 237500 km^2
Einwohner: 23,17 Millionen (1989)
Einwohner pro km^2: 98

Hauptstadt: Bukarest (2,2 Millionen Einwohner)
Staatssprache: Rumänisch
Staatsform: Republik
Währung: Leu (1 l = 100 Bani)
Internationales Kfz-Kennzeichen: RO

Mitglied des →Rates für Gegenseitige Wirtschaftshilfe (RGW; Comecon) und des →Warschauer Paktes.

San Marino
Fläche: 60,57 km^2
Einwohner: 23 000 (1986)
Einwohner pro km^2: 379
Hauptstadt: San Marino (4 700 Einwohner)
Staatssprache: Italienisch
Staatsform: Parlamentarische Republik
Währung: Italienische Lira (1 Lit = 100 Centesimi)
Internationales Kfz-Kennzeichen: RSM

Schweden
Fläche: 449 964 km^2 (mit Binnengewässern)
Einwohner: 8,4 Millionen (1987)
Einwohner pro km^2: 19
Hauptstadt: Stockholm (660 000 Einwohner)
Staatssprache: Schwedisch
Staatsform: Parlamentarisch-demokratische Monarchie
Währung: Schwedische Krone (1 skr = 100 Øre)
Internationales Kfz-Kennzeichen: S

Mitglied der →Europäischen Freihandelszone (EFTA), des →Nordischen Rates und des →Europarates.

Schweiz
Fläche: 41 293 km²
Einwohner: 6,5 Millionen (1987)
Einwohner pro km²: 157
Hauptstadt: Bern (144 000 Einwohner)
Staatssprache: Deutsch, Italienisch, Französisch
Staatsform: Parlamentarisch-demokratischer Bundesstaat
Währung: Schweizer Franken (1 sFr = 100 Rappen)
Internationales Kfz-Kennzeichen: CH

Mitglied der →Europäischen Freihandelszone (EFTA) und des →Europarates.

Sowjetunion
Fläche: 22 402 200 km² (einschließlich des Asowschen und des Weißen Meeres)
Einwohner: 283,1 Millionen (1987)
Einwohner pro km²: 13
Hauptstadt: Moskau (8,5 Millionen Einwohner)
Staatssprache: Russisch (bei weitgehender Gleichberechtigung der anderen Sprachen in den Unions- und Autonomen Republiken, Nationalen Gebieten und Kreisen)
Staatsform: Sozialistischer Bundesstaat
Währung: Rubel (1 Rb = 100 Kopeken)
Internationales Kfz-Kennzeichen: SU

Mitglied des →Rates für Gegenseitige Wirtschaftshilfe (RGW; Comecon) und des →Warschauer Paktes.

Spanien
Fläche: 504 782 km^2
Einwohner: 38,8 Millionen (1987)
Einwohner pro km^2: 77
Hauptstadt: Madrid (3,2 Millionen Einwohner)
Staatssprache: Spanisch
Staatsform: Parlamentarisch-demokratische Monarchie
Währung: Peseta (1 Pta = 100 Céntimos)
Internationales Kfz-Kennzeichen: E

Mitglied der →Europäischen Gemeinschaft (EG), des →Europarates und der →NATO.

Tschechoslowakei
Fläche: 127 869 km^2
Einwohner: 15,6 Millionen (1987)
Einwohner pro km^2: 122
Hauptstadt: Prag (1,2 Millionen Einwohner)
Staatssprache: Tschechisch, Slowakisch
Staatsform: Föderative sozialistische Republik auf dem Weg zu einem demokratischen Bundesstaat
Währung: Tschechische Krone (1 Kčs = 100 Haléř)
Internationales Kfz-Kennzeichen: ČS

Mitglied des →Rates für Gegenseitige Wirtschaftshilfe (RGW; Comecon) und des →Warschauer Paktes.

Ungarn
Fläche: 93 033 km^2
Einwohner: 10,6 Millionen (1987)
Einwohner pro km^2: 114

Hauptstadt: Budapest (2,08 Millionen Einwohner)
Staatssprache: Ungarisch
Staatsform: Republik auf dem Weg zu einer parlamentarischen Demokratie
Währung: Forint (1 Ft = 100 Filler)
Internationales Kfz-Kennzeichen: H

Mitglied des →Rates für Gegenseitige Wirtschaftshilfe (RGW; Comecon) und des →Warschauer Paktes.

Vatikanstadt
Fläche: 0,44 km^2
Einwohner: 392 Statsbürger (1985), 339 Bewohner ohne Bürgerrecht sowie rund 3 700 Angestellte
Staatssprache: Lateinisch, Italienisch
Staatsform: Souveräner Staat
Währung: Italienische Lira (1 Lit = 100 Centesimi)
Internationales Kfz-Kennzeichen: V

Zypern (Republik Zypern)
Fläche: 9 251 km^2
Einwohner: 672 000 (1986)
Einwohner pro km^2: 75
Hauptstadt: Nikosia (161 000 Einwohner)
Staatssprache: Griechisch, Türkisch
Staatsform: Präsidiale Republik
Währung: Zypern-Pfund (1 Z£ = 100 Cents)
Internationales Kfz-Kennzeichen: CY

Mitglied des →Europarates.
Die Insel Zypern ist seit der Invasion türkischer Truppen

1974 gespalten in ein griechisches Territorium im Süden (Republik Zypern) und ein türkisches Gebiet im Norden. Der türkisch besetzte Norden umfaßt 37% des Gesamtterritoriums der Mittelmeerinsel; 1983 war er als Türkische Republik Nordzypern für unabhängig erklärt worden, wurde jedoch lediglich von der Türkei als selbständiger Staat anerkannt.

Europa der Bürger

Der →Europäische Rat hat im Juni 1984 einen Vorstoß unternommen, um die Bürger der Mitgliedstaaten der →Europäischen Gemeinschaft (EG) in den Aufbau einer lebendigen Gemeinschaft einzubeziehen. Ein speziell eingesetzter Ausschuß sollte überlegen, wie der EG eine neue, bürgernahe Qualität verliehen werden kann.

Adonnino-Ausschuß

Dieser nach seinem Vorsitzenden benannte Adonnino-Ausschuß für das ›Europa der Bürger‹ hat dem Europäischen Rat zwei Berichte vorgelegt.
Der erste Bericht vom März 1985 befaßt sich mit den konkreten Möglichkeiten des einzelnen europäischen Bürgers, seine Rechte auf →Freizügigkeit und Aufenthalt innerhalb der EG wahrzunehmen. Die meisten der empfohlenen Maßnahmen sind inzwischen in das Programm zur Durchführung des →Weißbuches der →Kommission der EG übernommen worden.

16. Januar 1989: Staatsminister Stavenhagen ersetzt am Grenzübergang Kehl das Zoll-/Douane-Schild durch ein neues Europa-Schild.

Der zweite Bericht des Adonnino-Ausschusses vom Juni 1985 plädiert für eine neue politische, kulturelle und soziale Dimension der EG. Er zeigt auf, wie das Gefühl des europäischen Bürgers, Teil der Gemeinschaft zu sein, gestärkt werden kann.

Die beiden Berichte gaben den politischen Anstoß zu einem ›Europa der Bürger‹. Die EG-Kommission hat diese Anregungen aufgegriffen und im November 1985 ein umfangreiches Arbeitsprogramm zur praktischen Umsetzung der Vorschläge verabschiedet. Weiteren Auftrieb erhielt die Idee des ›Europas der Bürger‹ mit dem Inkrafttreten der →Einheitlichen Europäischen Akte am 1. Juli 1987 und dem Ziel, bis zum 31. Dezember 1992 ein Europa ohne Binnengrenzen zu schaffen (→Binnenmarkt).

Schritte zur europäischen Identität

Um das Gefühl einer europäischen Identität zu stärken, wurden konkrete Maßnahmen ergriffen. So gibt es inzwischen:

- die Fahne der EG, die europäische Hymne und das Emblem der Gemeinschaft,
- den europäischen Führerschein,
- den europäischen Reisepaß (→Europapaß),
- die Inlandstarife für Briefsendungen innerhalb der EG,
- einheitliche Schilder an den Hoheitsgrenzen zwischen den EG-Mitgliedstaaten als Ersatz der früheren Zollschilder,
- verschiedene europäische Programme zum →Jugendaustausch (YES, Comett, Erasmus).

Weitere Maßnahmen, mit denen die EG-Kommisssion dem europäischen Bürger seine kulturelle Identität bewußt machen will, sind u. a.:

- Anreize für Sportveranstaltungen auf Gemeinschaftsebene,
- kulturelle Aktionen, wie z. B. die Unterstützung kultureller Ereignisse europäischen Zuschnitts, der Schutz des architektonischen Erbes oder die Aktion ›Kulturstadt Europas‹ (→Kulturpolitik),
- das 1985 erarbeitete Programm ›Europa gegen den Krebs‹, das vorbeugende Maßnahmen, Aufklärung der Öffentlichkeit sowie eine Koordinierung der ärztlichen Krebsforschung vorsieht.

Europäisch-Arabischer Dialog

Seit 1973 gibt es den Europäisch-Arabischen Dialog zwischen der →Europäischen Gemeinschaft (EG) und den 22 arabischen Ländern der Arabischen Liga (1945 von Ägypten, Irak, Jemen, (Trans-)Jordanien, Libanon, Saudi-Arabien und Syrien gegründet). Die Palästinensische Befreiungsorganisation PLO ist Mitglied der Arabischen Liga und am Europäisch-Arabischen Dialog beteiligt. Wegen innerarabischer Streitigkeiten und Uneinigkeit zwischen der EG und der Arabischen Liga über die Palästina-Frage kam die europäsich-arabische Zusammenarbeit 1983 zum Stillstand.
Im Juni 1988 und Dezember 1989 wurde der Europäisch-Arabische Dialog wieder neu belebt. Die Zusammenarbeit soll durch drei Kommissionen für wirtschaftliche, wissenschaftlich-technische und kulturelle Fragen intensiviert werden. Auf regelmäßigen Treffen der Außenminister sollen politische Fragen erörtert werden. Ziel des Europäisch-Arabischen Dialogs sind der Friedensprozeß im Nahen Osten und die weitere wirtschaftliche und soziale Entwicklung der arabischen Länder.

Europäische Atomgemeinschaft

Die Europäische Atomgemeinschaft (EAG oder Euratom) wurde gleichzeitig mit der →Europäischen Wirtschaftsgemeinschaft (EWG) durch die →Römischen Verträge vom 25. März 1957 gegründet.

Der Euratom-Vertrag bezeichnet es in Artikel 1 als Aufgabe der EAG, die erforderlichen Voraussetzungen für die schnelle Bildung und Entwicklung von Kernindustrien zu schaffen, um damit zur Hebung der Lebenshaltung in den Mitgliedstaaten und zur Entwicklung der Beziehungen mit den anderen Ländern beizutragen. Zu diesem Zweck soll die EAG die Forschung, die Ausbreitung technischer Kenntnisse und Investitionen fördern, für den Gesundheitsschutz sorgen, die Versorgung mit Erzen und Kernbrennstoffen sicherstellen und einen →Gemeinsamen Markt für die auf dem Kerngebiet verwendeten Stoffe und Ausrüstungen, Investitionen und Fachkräfte errichten.

Ein solcher gemeinsamer Markt für die Atomindustrie existiert bis heute nicht. Atomkraftwerke und das entsprechende Zubehör sowie Brennelemente werden in der EAG soweit möglich jeweils von den nationalen Herstellern gekauft, ohne daß ein Wettbewerb mit anderen westeuropäischen Anbietern zugelassen würde. Die EAG hat sich gegen diese vertragswidrige Praxis der nationalen Atomwirtschaften nicht durchsetzen können. Auch eine europäische Atomindustrie, in der industrielle Interessen aller EAG-Mitgliedstaaten zum Tragen kämen, ist bisher nicht vorhanden.

Zu den Forschungsschwerpunkten der EG bis 1991 gehört auch die Gemeinsame Fusionsforschung am gemeinschaftlichen Projekt Joint European Tours – JET.

Unter ihrer Verantwortung für die Sicherheit der Gesundheit kann die EAG Grundnormen zum Strahlenschutz erlassen und überwachen. Die EAG betreibt eine Gemeinsame Forschungsstelle (→Forschung), die in den vier Forschungszentren Ispra (Italien), Geel (Belgien), Petten (Holland) und Karlsruhe (Bundesrepublik Deutschland) Forschungsprogramme zu Fragen der Reaktorsicherheit durchführt. Der Jahresetat der Forschungsstelle beträgt ca. 340 Millionen DM. Weitere 300 Millionen DM fließen in die gemeinsame Fusionsforschung am gemeinschaftlichen Projekt *J*oint *E*uropean *T*ours (JET) und in verschiedene nationale Einrichtungen.
Ursprünglich hatte die EAG eigene Organe. Mit der Verschmelzung der drei europäischen Gemeinschaften

→Europäische Wirtschaftsgemeinschaft (EWG), →Europäische Gemeinschaft für Kohle und Stahl (EGKS) und EAG am 1. Juli 1967 sind die Organe der EAG in die der →Europäischen Gemeinschaft (EG) aufgegangen (→Organe der EG). Von den einstigen EAG-Behörden besteht als einzige wichtige Institution nur noch die Euratom-Versorgungsagentur weiter.
Mitgliedstaaten der EAG sind heute alle 12 Mitgliedstaaten der EG.

Europäische Gemeinschaften

Der Ausdruck ›EG‹ ist eine Sammelbezeichnung für die drei verschiedenen europäischen Gemeinschaften und die →Organe der EG. Die EG beruht auf den folgenden drei Gemeinschaften:

- der →Europäischen Gemeinschaft für Kohle und Stahl (EGKS) von 1951,
- der →Europäischen Atomgemeinschaft (EAG) von 1957,
- der →Europäischen Wirtschaftsgemeinschaft (EWG) von 1957.

In den →Römischen Verträgen vom 25. März 1957 wurden EAG und EWG gegründet. Dieser Tag gilt als eigentliche Geburtsstunde der heutigen EG. Seit 1970 wird die EG durch die →Europäische Politische Zusammenarbeit, der gemeinsamen europäischen Außenpolitik, ergänzt.

Organe der EG

Anfangs hatten die drei europäischen Gemeinschaften verschiedene Organe. Seit 1967 hat die EG ein gemeinsames institutionelles Dach: die →Kommission der EG, den →Ministerrat der EG, das →Europäische Parlament, den →Europäischen Gerichtshof sowie den 1977 geschaffenen →Europäischen Rechnungshof, den →Wirtschafts- und Sozialausschuß der EG und den →Europäischen Rat der Staats- und Regierungschefs der EG.

So funktioniert die EG

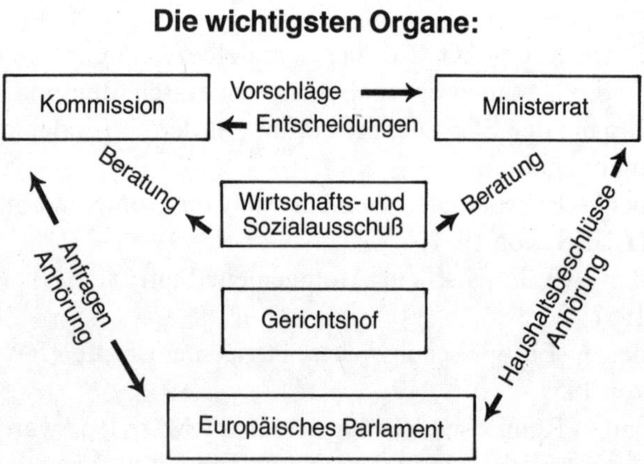

Auf dem Weg zur Zwölfer-Gemeinschaft

Die EG hat heute 12 Mitgliedstaaten. Gegründet wurde sie von den sechs Staaten: Belgien, Bundesrepublik Deutschland, Frankreich, Italien, Luxemburg und die Niederlande.

Die ersten Vorbereitungen

Diese ursprüngliche Sechser-Gemeinschaft war von Anfang an auf eine Erweiterung angelegt. In der Präambel des EWG-Vertrages werden die anderen Völker Europas aufgefordert, sich der EWG anzuschließen. Bereits seit den 60er Jahren wurden mit einigen europäischen Ländern Assoziierungsverträge (→Assoziierung) und Handelspräferenz-Abkommen geschlossen. Diese Verträge waren auch als Vorbereitung für die spätere Erweiterung zur heutigen Zwölfer-Gemeinschaft hilfreich.

Die Erweiterungen

Die erste Erweiterung wurde mit dem Beitritt Dänemarks, Großbritanniens und Irlands zur EG am 1. Januar 1973 vollzogen.

Nachdem in den südeuropäischen Staaten Griechenland, Spanien und Portugal in den 70er Jahren Regierungssysteme errichtet bzw. wiedererrichtet wurden, die westlichen Demokratievorstellungen entsprechen, konnte in einer zweiten Erweiterungsrunde Griechenland am 1. Januar 1981 als zehntes Mitglied der Gemeinschaft aufgenommen werden. Nach achtjährigen Verhandlungen folgte am 1. Januar 1986 der Beitritt Portugals und Spaniens. Hiermit wurde die sog. →Süderweiterung abgeschlossen.

Neue Beitrittswünsche

Seit einiger Zeit liegen der EG neue Beitrittsgesuche vor: Die Türkei hat 1987, Österreich 1989 um Aufnahme in die EG gebeten. Im Dezember entschied die EG-Kommission, vorläufig keine Beitrittsverhandlungen mit der Türkei aufzunehmen, da die Türkei weder wirtschaftlich noch politisch für einen EG-Beitritt reif sei. Ein Beitrittsgesuch Marokkos wurde abgelehnt, da es sich hier um ein nichteuropäisches Land handelt.

Auch die Insel Malta und Ungarn sind an einem EG-Beitritt interessiert. Innerhalb der →Europäischen Freihandelszone (EFTA) wird in Norwegen, Schweden und der Schweiz ein möglicher EG-Beitritt wieder diskutiert. Norwegen hatte sich in einer Volksabstimmung 1972 gegen einen EG-Beitritt entschieden. Grönland, ein autonomer Bestandteil Dänemarks, trat 1985 aus der EG aus und ist mit der Gemeinschaft durch einen Sonderstatus verbunden.

Eine Erweiterung der EG wird es zumindest bis zur Vollendung des→ Binnenmarktes am 31. Dezember 1992 nicht geben.

EG-Stufenplan

Die Entwicklung der EG folgt einem in den →Römischen Verträgen und der →Einheitlichen Europäischen Akte festgelegten Stufenplan:

Stufe	Integration	Zieljahr
1	→ Freihandelszone	1958
2	→ Zollunion	1968
3	→ Binnenmarkt	1992
4	→ Europäische Union	?

Bruttosozialprodukt

	in Milliarden ECU
EG-Staaten	3 670
Belgien	120
Bundesrepublik Deutschland	970
Dänemark	90
Frankreich	740
Griechenland	40
Großbritannien	565
Irland	25
Italien	650
Luxemburg	5
Niederlande	185
Portugal	30
Spanien	250
USA	3 870
Japan	2 060

Stand: 1987

Neben der erfolgreichen Zusammenarbeit auf wirtschaftlichem Gebiet gibt es eine zur Zusammenarbeit im Bereich der →Währungspolitik (→Europäisches Währungssystem), der Außenpolitik (→Europäische Politische Zusammenarbeit), der Verteidigung (→Europäische Verteidigungsgemeinschaft) und der Sicherheitspolitik (→Westeuropäische Union). Fernziel aller europäischen →Integration ist die Europäische Union.

Vorgeschichte der EG

19.09. 1946: Winston Churchill, ehemaliger britischer Premierminister, schlägt in Zürich die Gründung der Vereinigten Staaten von Europa vor.
05.05. 1949: 10 Länder gründen den →Europarat (1951: Eintritt der Bundesrepublik Deutschland).
09.05. 1950: Verkündigung des →Schuman-Plans.
18.04. 1951: Gründung der →Europäischen Gemeinschaft für Kohle und Stahl (EGKS). Mitglieder: Belgien, Bundesrepublik Deutschland, Frankreich, Italien, Luxemburg, Niederlande.
23.07. 1952: Die EGKS tritt in Kraft.
27.05. 1952: Belgien, Bundesrepublik Deutschland, Frankreich, Italien, Luxemburg und Niederlande unterzeichnen den Vertrag zur Gründung der →Europäischen Verteidigungsgemeinschaft (EVG).
30.08. 1954: Der EVG-Vertrag (Pleven-Plan) scheitert am Widerstand Frankreichs.
24.10. 1954: Die Bundesrepublik Deutschland wird Mitglied der NATO.

01. 06. 1955: Konferenz von Messina über Gründung einer europäischen Wirtschaftsgemeinschaft.
25. 03. 1957: Unterzeichnung der →Römischen Verträge zur Gründung der →Europäischen Wirtschaftsgemeinschaft (EWG) und der Europäischen Atomgemeinschaft (Euratom).
01. 01. 1958: EWG und Euratom treten in Kraft.

Europäische Gemeinschaft für Kohle und Stahl

Die EGKS oder Montanunion wurde auf Initiative des französischen Außenministers Robert Schuman (→Schuman-Plan) am 18. April 1951 in Paris zwischen der Bundesrepublik Deutschland, Belgien, Frankreich, Italien, Luxemburg und den Niederlanden gegründet. Der Gründungsvertrag trat am 23. Juli 1952 in Kraft und gilt für die Dauer von 50 Jahren, also bis zum Jahre 2002.
Mit diesem EGKS-Vertrag, dem 1973 Dänemark, Irland und Großbritannien und 1981 Griechenland beitraten, schlossen die Mitgliedstaaten ihre Kohle- und Stahlindustrie zu einem gemeinsamen Markt zusammen. Damit war ein erster Schritt zu einer wirtschaftlichen →Integration in Europa getan. Der EGKS-Vertrag gliederte wichtige nationale Kompetenzen im Bereich der Kohle- und Stahlwirtschaft aus der Zuständigkeit der Einzelstaaten aus und

übertrug sie in die Hoheitsgewalt der EGKS, der damit überstaatliche (→ supranationale) Souveränitätsrechte zufielen.
Die Aufgaben der europäischen Kohle- und Stahlpolitik sind gemäß Artikel 3 des EGKS-Vertrages die regelmäßige Versorgung des Gemeinsamen Marktes, der gleichmäßige Zugang der Verbraucher zu den Quellen der Produktion, niedrige Preise, Anreize zur Unterhaltung und Verbesserung der Produktionsanlagen, Verbesserung der Lebens- und Arbeitsbedingungen der Arbeiter, Förderung des Außenhandels und Modernisierung der Produktion.
Mit der Verschmelzung der drei Europäischen Gemeinschaften →Europäische Wirtschaftsgemeinschaft, →Europäische Atomgemeinschaft und EGKS am 1. Juli 1967 sind die Organe der EGKS in die →Organe der →Europäischen Gemeinschaft (EG) aufgegangen. Das Exekutivorgan der EGKS, die Hohe Behörde, wurde durch die →Kommission der EG ersetzt. Als einziges Organ der ursprünglichen EGKS ist der Beratende Ausschuß erhalten geblieben. Seine 96 Mitglieder setzen sich zur gleichen Anzahl aus Vertretern der Arbeitgeber, Arbeitnehmer, Verbraucher und Händler zusammen. Erster Präsident der Hohen Behörde der EGKS war Jean Monnet, Mitbegründer des Schuman-Plans.

Europäische Investitionsbank

Aufgrund der → Römischen Verträge wurde 1957 die Europäische Investitionsbank (EIB) in Luxemburg gegründet. Die EIB ist das Kreditinstitut der → Europäischen Gemeinschaft (EG) und verfolgt das Ziel, eine ausgewogene Entwicklung der EG-Länder zu ermöglichen. Zu diesem Zweck gewährt die EIB Darlehen und Bürgschaften. Die EIB finanziert Projekte, die wirtschaftlich benachteiligte Regionen erschließen helfen, Modernisierungen in den Unternehmen erleichtern oder Arbeitsplätze schaffen.
Außerdem vergibt die EIB Darlehen an die mit der EG assoziierten Länder (→ Assoziierung) und die am → Lomé-Abkommen beteiligten → AKP-Staaten.
Das Kapital der EIB ist von anfänglich 7,2 Milliarden → ECU inzwischen auf 28,8 Milliarden ECU, d. h. rund 57 Milliarden DM, angestiegen. Im Bedarfsfall kann die EIB zusätzlich Gelder auf dem Kapitalmarkt aufnehmen.

Europäische Politische Zusammenarbeit

Die Europäische Politische Zusammenarbeit (EPZ) umfaßt das Zusammenwirken der 12 Mitgliedstaaten der →Europäischen Gemeinschaft (EG) auf dem Gebiet der Außenpolitik. Ziel der EPZ ist, daß die EG-Staaten auf dem Wege der gegenseitigen Unterrichtung und eines einheitlichen europäischen Vorgehens möglichst wirkungsvoll Einfluß auf internationale Angelegenheiten nehmen können.

Entstehung und Entwicklung

Die EPZ basiert nicht auf den Verträgen zur Gründung der EG. Sie ist in den 50er Jahren entstanden, als in der Phase des Aufbaus eines neuen Europa nach dem Zweiten Weltkrieg die Zusammenarbeit in der Außenpolitik zur zentralen Aufgabe wurde. Die grundlegenden Verfahrensweisen der EPZ wurden erst 1970 mit der Billigung des →Luxemburger Kompromisses festgelegt. Seither ist die Zusammenarbeit der Außenminister der EG-Mitgliedstaaten in mehreren Schritten weiterentwickelt worden. Mit dem Inkrafttreten der →Einheitlichen Europäischen Akte am 1. Juli 1987 hat die EPZ erstmals eine völkerrechtlich verbindliche vertragliche Grundlage erhalten.

Arbeitsweise

Derjenige Mitgliedstaat, der die alle sechs Monate wechselnde →EG-Präsidentschaft innehat, ist auch für die EPZ verantwortlich. Bei den Treffen des →Europäischen Rates werden neben den Themen, die die EG betreffen, regelmäßig auch Fragen der EPZ behandelt. Außerdem finden während jeder EG-Präsidentschaft mindestens zwei EPZ-Treffen der Außenminister statt. Ein Politisches Komitee bereitet als Koordinierungsstelle die Ministergespräche vor. Schließlich treten zwischen 15 und 20 verschiedene Arbeitsgruppen in regelmäßigen Sitzungen auf Sachverständigenebene zusammen. Die →Kommission der EG wird an der Arbeit der EPZ in vollem Umfang beteiligt und ist auf allen EPZ-Treffen vertreten.

Inhalte und Funktionen

Im Mittelpunkt der EPZ-Tätigkeiten stehen übergreifende Themen der internationalen Politik, wie z.B. Flüchtlingsfragen, Menschenrechte, Terrorismus, →Abrüstung sowie Vorgänge in den für Westeuropa besonders wichtigen Regionen der Welt.
Die EPZ stellt den Mitgliedstaaten nicht nur einen effizienten Rahmen zur Verfügung, in dem sie sich über europäische Außen- und Sicherheitspolitik verständigen können. Die EPZ konnte sich auch zu dem heute wichtigsten Instrument der Außenpolitik der EG-Mitgliedstaaten entwickeln. So ist die EG als EPZ-Staatengruppe zunehmend auch wertvoller Gesprächs- und Kooperationspartner bei wichtigen weltpolitischen Entscheidungen. Auf zahlreichen

internationalen Konferenzen konnten die Mitgliedstaaten nach vorheriger Abstimmung im Rahmen der EPZ außenpolitisch mit einer Stimme sprechen.
Auf dem Weg zur →Europäischen Union ist die EPZ von besonderer Bedeutung.

Europäischer Ausrichtungs- und Garantiefonds für die Landwirtschaft

Der Europäische Ausrichtungs- und Garantiefonds für die Landwirtschaft (EAGFL), auch ›Agrarfonds‹ genannt, gehört zu den drei →Strukturfonds der →Europäischen Gemeinschaft (EG). Aus dem EAGFL wird die gemeinsame →Agrarpolitik der EG finanziert.
Wie der →Europäische Fonds für regionale Entwicklung und der Europäische→ Sozialfonds ist er Teil des →Haushalts der EG. Die Bedeutsamkeit des EAGFL läßt sich daran erkennen, daß er mit rund zwei Dritteln des gesamten EG-Haushalts den weitaus größten Haushaltsposten darstellt.
Der EAGFL hat 2 Abteilungen:
1. **Die Abteilung ›Garantie‹** ist der größte Teil des EAGFL. Sie finanziert die den Landwirten garantierten Preise und die →Ausfuhrerstattungen beim Export von Agrarüberschüssen auf den Weltmarkt.

Ausgaben des EAGFL, Abteilung Garantie, 1989 (in Mio. ECU)

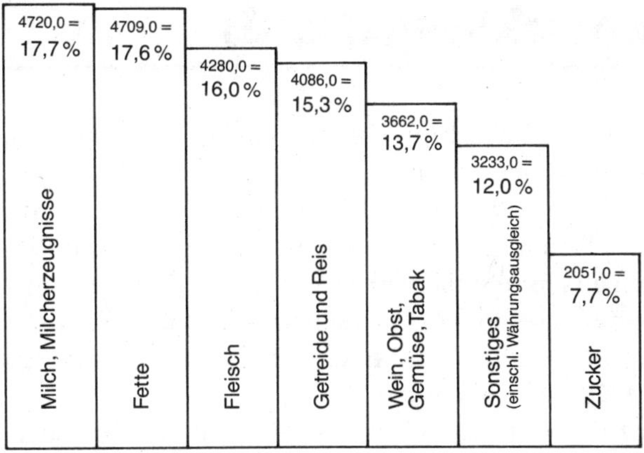

Quelle: Amtsblatt der Europäischen Gemeinschaften

2. **Die Abteilung ›Ausrichtung‹** finanziert Maßnahmen zur Verbesserung der →Strukturpolitik in der Landwirtschaft. Sie gibt Zuschüsse zur Anpassung der Erzeugung an den Markt, zu Qualitätsverbesserung, Rationalisierung und Absatzförderung.

Europäischer Entwicklungsfonds

Der Europäische Entwicklungsfonds (EEF) der →Europäischen Gemeinschaft (EG) wurde 1957 gegründet. Der EEF hat seit 1958 seinen Sitz in Luxemburg und wird von der →Kommission der EG verwaltet. Er finanziert heute Maßnahmen, die die wirtschaftliche und soziale Entwicklung der im →Lomé-Abkommen zusammengeschlossenen derzeit 68 Staaten aus Afrika, der Karibik und des Pazifik (→AKP-Staaten) fördern sollen.
Der EEF wird nicht aus dem →Haushalt der EG, sondern aus Beiträgen der EG-Mitgliedstaaten finanziert. Die Laufzeit des EEF beträgt jeweils 5 Jahre und muß danach um wiederum 5 Jahre verlängert werden. Der sechste EEF läuft von 1985 bis 1990 und ist mit 18 Milliarden DM ausgestattet. Mit Inkrafttreten des neuen (vierten) Lomé-Abkommens (Lomé IV) im März 1990 wurde der EEF auf 21,6 Milliarden DM erhöht.

Aufgaben

Der Fonds finanziert Projekte zur
- Verbesserung der Infrastruktur,
- Förderung von Landwirtschaft und Industrie,
- technischen Zusammenarbeit,
- Vermarktung und Verkaufsförderung von Exporterzeugnissen der AKP-Länder.

Außerdem leistet der EEF Hilfsmaßnahmen bei außergewöhnlichen Notfällen wie Hunger- oder Dürrekatastrophen.
Das Stabex-System des Lomé-Abkommens, durch das die Exporterlöse der Entwicklungsländer stabilisiert werden, wird vom EEF finanziert. Ebenso gibt der EEF Gelder für die Stützungsmaßnahmen im Bergbau, das sog. Sysmin-System zur Rehabilitierung von Bergbaubetrieben. Diese Hilfen werden in Form nicht rückzahlbarer Zuschüsse, Sonderdarlehen oder als Zinsvergütungen für normal verzinsliche Darlehen der →Europäischen Investitionsbank (EIB) geleistet.

Europäischer Fonds für regionale Entwicklung

Der Europäische Fonds für regionale Entwicklung (EFRE), auch ›Regionalfonds‹ genannt, wurde 1975 als wichtigstes Instrument einer gemeinsamen → Regionalpolitik der →Europäischen Gemeinschaft (EG) neu eingerichtet. Als einer der drei →Strukturfonds der EG ist er ein besonders wichtiger Bestandteil europäischer Strukturpolitik. Der EFRE soll dazu dienen, solche regionalen Ungleichgewichte in der Gemeinschaft auszugleichen, die insbesondere auf eine vorwiegend landwirtschaftliche Struktur, industrielle Wandlungen und eine strukturbedingte Unterbeschäftigung zurückzuführen sind.

EG-Regionalfonds (EFRE)

Auf die einzelnen Bundesländer entfielen von 1975–1988:

	in Milliarden DM
Baden-Württemberg	49,7
Freistaat Bayern	418,6
Berlin	154,0
Bremen	17,2
Hessen	125,6
Niedersachsen	422,8
Nordrhein-Westfalen	189,7
Rheinland-Pfalz	155,6
Saarland	226,1
Schleswig-Holstein	218,0

Die Gründung des EFRE geht u.a. auf den politischen Druck Großbritanniens, Irlands und Dänemarks zurück. Sie machten die Errichtung eines solchen Regionalfonds im Hinblick auf ihre strukturschwächeren Gebiete zur Voraussetzung für ihren EG-Beitritt.

Wie der →Europäische Ausrichtungs- und Garantiefonds für die Landwirtschaft (EAGFL) und der europäische →Sozialfonds (ESF) ist der EFRE Teil des →Haushalts der EG. Seine finanzielle Ausstattung ist in den letzten Jahren ständig vergrößert worden (1975: 4,75 Milliarden DM, 1988: rund 8 Milliarden DM). Der EFRE beteiligt sich mit nicht rückzahlbaren Zuschüssen hauptsächlich an nationalen Förder- und Entwicklungsprogrammen.

Von 1975 bis 1988 hat der EFRE etwa 38000 Vorhaben mit ca. 25 Milliarden →ECU, d.h., über 50 Milliarden DM, mitfinanziert. Hierdurch konnten EG-weit schätzungsweise 680000 Arbeitsplätze neu geschaffen und 150000 Arbeitsplätze erhalten werden.

Europäischer Gerichtshof

Der Europäische Gerichtshof (EuGH) in Luxemburg ist der Gerichtshof der →Europäischen Gemeinschaft (EG) und damit eines der →Organe der EG. Er besteht aus 13 Richtern und 6 Generalanwälten. Sie werden im gegenseitigen Einvernehmen von den Regierungen der Mitgliedstaaten für sechs Jahre ernannt. Als unabhängiges Gericht wacht der EuGH darüber, daß das in allen Mitgliedstaaten der EG anerkannte Prinzip der Rechtsstaatlichkeit auch auf europäischer Ebene gewahrt bleibt. Ebenso wie ein Staat muß auch die EG alle ihre Maßnahmen aus Gesetzen ableiten. Das Recht der EG (→Europäisches Gemeinschaftsrecht) wiederum muß sich auf die →Römischen Verträge stützen. Die Entscheidungen des EuGH sind unanfechtbar.

Der EuGH ist ein Verfassungsgericht

Der EuGH sichert die Anwendung der Verträge. Aufgrund einer Klage seitens eines EG-Staates, der Organe der EG, eines Unternehmens oder eines EG-Bürgers entscheidet der EuGH, ob in einem Einzelfall gegen geltendes Recht verstoßen wurde. Der EuGH sichert auch die Auslegung der Verträge. Er entscheidet über die endgültige Auslegung strittiger Texte in den Römischen Verträgen.

Der EuGH ist ein Verwaltungsgericht

Als Verwaltungsgericht gewährleistet der EuGH den Gerichtsschutz des einzelnen Bürgers gegen Akte der europäischen Gewalt. In einer sog. Vorabentscheidung leistet der EuGH bei möglicher europäischer Rechtsverletzung den nationalen Gerichten Rechtshilfe.

Der EuGH ist ein Zivilgericht

Er ist für die Rechtsprechung im Bereich der Haftung der EG für Schäden zuständig, die durch die EG-Organe oder EG-Bedienstete verursacht werden.

Der EuGH ist ein Schiedsgericht

Der EuGH kann in bestimmten Fällen von der EG oder den EG-Mitgliedstaaten als Schiedsgericht angerufen oder als Gutachter tätig werden.

Der EuGH schützt die Grundrechte

Seit der Gemeinsamen Erklärung zur Achtung und Wahrung der →Menschenrechte in der EG von 1977 entscheidet der EuGH auch über die Wahrung der Grundrechte

des EG-Bürgers gegenüber der Hoheitsgewalt der Gemeinschaft.
Der Umfang der Tätigkeit des EuGH wird durch folgende Zahlen deutlich: Von 1952 bis Ende 1987 wurden beim EuGH 3606 Klagen erhoben (hierbei sind die Verwaltungsklagen von Beamten der EG aufgrund des Personalstatuts nicht mitgezählt). Davon betrafen 3070 Klagen den EWG-Vertrag (→Römische Verträge), 522 den Bereich der →Europäischen Gemeinschaft für Kohle und Stahl (EGKS, Montanunion) und 14 den Bereich der →Europäischen Atomgemeinschaft (EAG, Euratom). Die Klagen wurden in der Mehrzahl von Einzelpersonen oder von der →Kommission der EG, aber auch von anderen Organen der EG (gegen andere EG-Organe) sowie von den Regierungen der EG-Mitgliedstaaten erhoben.

Gericht erster Instanz der Europäischen Gemeinschaften

Die zunehmende Integration der Mitgliedstaaten der EG hat in den letzten Jahren zu einem erheblichen Anwachsen der Verfahren und zu einer Überlastung des EuGH geführt. Die Folge war eine immer längere Verfahrensdauer. In der →Einheitlichen Europäischen Akte (EEA) wurde daher die Errichtung eines Europäischen Gerichts erster Instanz vorgesehen, das am 31. Oktober 1989 in Luxemburg seine Arbeit aufgenommen hat. Es soll der Entlastung des EuGH dienen und in wichtigen Bereichen als Tatsacheninstanz tätig werden.
Das Gericht erster Instanz besteht aus 12 Richtern, die von den Regierungen der Mitgliedstaaten im gegenseitigen Ein-

vernehmen für sechs Jahre ernannt werden. Aus jedem EG-Mitgliedstaat wird je ein Richter entsandt. Die Wiederwahl ausscheidender Richter ist zulässig.
Das Gericht soll hauptsächlich in Streitverfahren zwischen der EG und ihren Bediensteten (sog. Beamtenklagen), in Wettbewerbssachen, in bestimmten Verfahren nach dem EGKS-Vertrag und über damit zusammenhängende Schadensersatzklagen entscheiden. Gegen Entscheidungen des Gerichts erster Instanz können Rechtsmittel beim EuGH eingelegt werden. Rechtsmittel sind auf Rechtsfragen beschränkt und können nur gestützt werden auf die Unzuständigkeit des Gerichts, auf Verfahrensfehler oder die Verletzung des Europäischen Gemeinschaftsrechts durch das Gericht.

Europäischer Rat

Der Europäische Rat ist das Gipfeltreffen der Staats- und Regierungschefs der 12 Staaten der →Europäischen Gemeinschaft (EG). Der Präsident der →Kommission der EG wird zu den Arbeiten und Beratungen dieses Rates hinzugezogen.
Seit 1974 tagt der Europäische Rat mindestens zweimal im Jahr, um Grundsatzfragen der europäischen Politik, der →Europäischen Union und der →Europäischen Politischen Zusammenarbeit zu erörtern. Der Rat legt die allgemeinen politischen Leitlinien fest und trifft wichtige Rich-

EG-Gipfeltreffen der Staats- und Regierungschefs sowie der Außenminister der 12 EG-Mitgliedstaaten am 26./27. Juni 1989 in Madrid.

tungsentscheidungen. Die → EG-Präsidentschaft, der Vorsitz im Europäischen Rat, wechselt alle sechs Monate.
Da die Gipfeltreffen in den → Römischen Verträgen von 1957 nicht vorgesehen waren, wurde der Europäische Rat als neue EG-Institution erstmals in die → Einheitliche Europäische Akte vom 3. Dezember 1985 vertraglich aufgenommen.

Europäischer Rechnungshof

Der Europäische Rechnungshof (ER) in Luxemburg prüft alle Einnahmen und Ausgaben der →Europäischen Gemeinschaft (EG) auf ihre Rechtmäßigkeit, Ordnungsmäßigkeit und Wirtschaftlichkeit. Außerdem unterstützt er das →Europäische Parlament bei der Kontrolle des →Haushalts der EG. Die Ergebnisse seiner Kontrolle veröffentlicht der ER jährlich in einem Rechnungsprüfungsbericht.
Der ER besteht aus 12 Mitgliedern, die vom →Ministerrat der EG im gegenseitigen Einvernehmen für sechs Jahre ernannt werden. Dem ER unterstehen rund 300 Beamte.
Obwohl die →Römischen Verträge von 1957 die Schaffung des ER fordern, unterzeichneten die EG-Mitgliedstaaten erst 1975 den Vertrag zur Einrichtung des ER. Am 25. Oktober 1977 nahm er seine Tätigkeit auf.

Europäisches Gemeinschaftsrecht

Das Recht der →Europäischen Gemeinschaft (EG) ist eine eigenständige Rechtsordnung. In ihr wird das Ziel der EG, die →Integration der EG-Mitgliedstaaten, besonders deutlich. Das EGR ist weder Völkerrecht, also internationales Recht, noch ist es staatliches, also nationales Recht.

Es handelt sich um ein Recht eigener Art, das sich in zwei Stufen einteilen läßt:

1. in die drei Gründungsverträge der EG (→Römische Verträge) (sog. primäres Gemeinschaftsrecht),
2. in das aus diesen Vertragswerken abgeleitete, von den →Organen der EG geschaffene Recht (sog. sekundäres Gemeinschaftsrecht).

Auf dieser zweiten Stufe können der →Europäische Rat und – in Ausnahmefällen – auch die →Kommission der EG folgende Rechtsakte erlassen:

● **Verordnungen,** die grundsätzlich unmittelbar in allen EG-Mitgliedstaaten gelten und direkte Auswirkungen auf die Bürger haben.

● **Richtlinien,** die zunächst nur die Mitgliedstaaten binden, sie aber verpflichten, die in der Richtlinie enthaltene Regelung durch ihre Parlamente in nationales Recht umzusetzen (→Rechtsangleichung).

● **Entscheidungen,** die sowohl an einen Mitgliedstaat als auch an Bürger gerichtet sein können und sich auf Einzelfälle beziehen.

Empfehlungen und Stellungnahmen der EG-Organe sind dagegen unverbindlich. Das EGR ist für die Mitgliedstaaten zwingend. Es hat Vorrang vor dem nationalen Recht der einzelnen Mitgliedstaaten und schränkt damit die nationale Souveränität ein.

Das Gesetzgebungsverfahren in der EG für Verordnungen und Richtlinien

Die **Kommission** formuliert den »Vorschlag«

Er wird über den

Rat der Minister

weitergeleitet an

das **Europäische Parlament**
zur Stellungnahme (Anhörung).

den **Wirtschafts- und Sozialausschuß**
zur Stellungnahme (Anhörung).

Anschließend geht er zurück an die

Kommission,
die ihren Vorschlag überarbeiten kann.

Danach kommt der Vorschlag an den

Rat der Minister

Bis hierhin sind die Wege für das Anhörungs- und das Kooperationsverfahren gleich; von nun an aber trennen sich die Verfahrenswege.

Fortsetzung im Anhörungsverfahren:

Der **Rat der Minister** entscheidet endgültig.
Will er den Vorschlag der Kommission ändern, muß er einstimmig beschließen.

Fortsetzung im Kooperationsverfahren:

Der **Rat der Minister**
formuliert nach dem Vorschlag einen »Gemeinsamen Standpunkt«

Verordnung.
Sie gilt sofort
und unmittelbar
in allen
EG-Staaten.

Richtlinie.
Sie muß in den
EG-Staaten in
nationales Recht
umgesetzt werden.

Europäische Parlament zur zweiten Lesung.
Möglichkeit zur Billigung, Änderung oder
Ablehnung; Frist: 3 Monate.

Danach geht der Vorschlag zurück an die

Kommission; Änderungen des Parlaments
werden berücksichtigt oder unter Angabe von
Gründen abgewiesen; Frist: 1 Monat

Erneute Vorlage beim

Rat der Minister,
der in zweiter Lesung endgültig entscheidet,
entweder ohne eigene Änderung mit qualifizierter
Mehrheit, ansonsten einstimmig;
Frist: 3 Monate

Verordnung.
Sie gilt sofort
und unmittelbar
in allen
EG-Staaten.

Richtlinie.
Sie muß in den
EG-Staaten in
nationales Recht
umgesetzt werden.

Rechtsakte der EGKS

Der Vertrag der →Europäischen Gemeinschaft für Kohle und Stahl (EGKS) kennt andere Formen der Rechtsetzung, nämlich die Entscheidung (entspricht der Verordnung und der Entscheidung des EWG-Vertrages), die Empfehlung (entspricht der Richtlinie) und die Stellungnahme (entspricht der Stellungnahme und der Empfehlung).

Aufgabe des Europäischen Gerichtshofes

Eine besondere Bedeutung für das Recht der EG kommt der Rechtsprechung des →Europäischen Gerichtshofs (EuGH) zu. Der EuGH entscheidet über Zweifelsfragen, die bei Auslegung und Anwendung von Gemeinschaftsrecht vor den nationalen Gerichten der Mitgliedstaaten auftreten. Er hat darüber hinaus aus den gemeinsamen Verfassungstraditionen der Mitgliedstaaten europäische Grundrechte entwickelt und sie – mit späterer ausdrücklicher Zustimmung der EG-Organe – zu allgemeinen Rechtsgrundsätzen des EGR erklärt.

Europäisches Haus

Bereits im Jahre 1967 hat die →NATO vorgeschlagen, daß man eine gerechte und dauerhafte Europäische Friedensordnung vom Atlantik bis zum Ural schaffen sollte. Das vom sowjetischen Staats- und Regierungschef Michail Gorbatschow gebrauchte Bild vom Gemeinsamen Europäischen Haus war die erste konstruktive Antwort auf diesen westlichen Vorschlag.

Europäisches Parlament

Das Europäische Parlament (EP) ist die Völkervertretung und gemeinsames Organ der →Europäischen Gemeinschaft (EG). Die 518 Mitglieder des EP (→MdEP) vertreten die 320 Millionen Bürger in den 12 Mitgliedstaaten. Seit 1979 wird das EP alle fünf Jahre direkt von den EG-Bürgern gewählt (→Wahlen zum EP). Bis zur ersten Direktwahl wurden die Abgeordneten von den nationalen Parlamenten der EG-Mitgliedstaaten entsandt. Vorläufer des heutigen EP war ab 1952 die Gemeinsame Versammlung der →Europäischen Gemeinschaft für Kohle und Stahl. Aus ihr ging nach Gründung der Europäischen Gemeinschaften das EP hervor.

Organisation

Die 518 Mitglieder des EP bilden keine nationalen, sondern übernationale, nach Parteizugehörigkeit gebildete Fraktionen. Außerdem sind die Abgeordneten des EP ver-

Entwicklung des Europäischen Parlaments

		Mitgliedstaaten	Abgeordnete	Amtssprachen	Präsidenten	Amtszeit
1952–1957	Gemeinsame Versammlung EGKS	6	78	4	Paul-Henri Spaak	1952–1954
					Alcide de Gasperi	1954
					Giuseppe Pella	1954–1956
					Hans Furler	1956–1958
1958–1972	Europäisches Parlament	6	142	4	Robert Schuman	1958–1960
					Hans Furler	1960–1962
					Gaetano Martino	1962–1964
					Jean Duvieusart	1964–1965
					Victor Leemans	1965–1966
					Alain Poher	1966–1969
					Mario Scelba	1969–1971
					Walter Behrendt	1971–1973
1973–1979		9	198	6	Cornelis Berkhouwer	1973–1975
					Georges Spénale	1975–1977
					Emilio Colombo	1977–1979
1979–1980	1. Europawahl	9	410	6	Simone Veil	1979–1981
1981–1984	Europäisches Parlament	10	434	7	Pieter Dankert	1982–1984
1984–1985	2. Europawahl	10	434	7	Pierre Pflimlin	1984–1985
1986–1989	Europäisches Parlament	12	518	9	Pierre Pflimlin	1986–1987
					Sir Henry Plumb	1987–1989
1989–		12	518	9	Enrique Baron Crespo	1989–

schiedenen Ausschüssen zugeordnet und auf diese Weise für bestimmte Sachbereiche zuständig. Neben den ständigen 18 Fachausschüssen können zusätzlich Untersuchungs- und Sonderausschüsse eingesetzt werden.
Das EP hat noch keinen endgültigen Sitz. Das Generalsekretariat des EP befindet sich in Luxemburg, das Plenum des EP tritt in Straßburg zusammen, und die Ausschüsse und Fraktionen des EP tagen in Brüssel. Präsident des EP ist zur Zeit der spanische Sozialist Enrique Baron Crespo. Ihm stehen 14 Vizepräsidenten zur Seite.

Feierliche Eröffnungssitzung des Europäischen Parlaments am 18. Juli 1979 im Europa-Palais in Straßburg.

Sitzverteilung nach Fraktionen im Europa-Parlament

Sozialisten	180
Europäische Volkspartei (Christdemokraten)	121
Liberale	50
Europäische Demokraten (britische Konservative u. a.)	34
Grüne	30
Einheit der europäischen Linken (Euro-Kommunisten)	28
Sammlungsbewegung der europäischen Demokraten	20
Europäische Rechte	17
Koalition der Linken (Orthodoxe Kommunisten)	14
Regenbogenfraktion	13
Sonstige	11

Aufgaben

1. Das EP übt die demokratische Kontrolle aus

Das EP kontrolliert die Arbeit der →Kommission der EG. Durch schriftliche und mündliche Anfragen, durch monatliche Fragestunden und Debatten über das Arbeitsprogramm der Kommission übt das EP seine Kontrollrechte aus. Allein das EP hat das Recht, die Kommission durch ein Mißtrauensvotum zum Rücktritt zu zwingen.

2. Das EP bestimmt den EG-Haushalt mit

Seit 1971 verfügt die EG über einen eigenen →Haushalt. Das EP wurde an Aufstellung und Verabschiedung des Finanzetats beteiligt. 1975 wurden die Haushaltsbefugnisse des EP erweitert: Es erhielt das Haushaltsbewilligungsrecht für Ausgaben, die nicht zwingend gesetzlich vorgeschrieben sind. Diese sog. nichtobligatorischen Ausgaben kann das EP in begrenztem Maß erhöhen und ihre Verteilung ändern. Für die obligatorischen, d. h. gesetzlich vorgeschriebenen Ausgaben kann das EP Vorschläge machen. Der →Ministerrat der EG kann diese Vorschläge nur durch →qualifizierte Mehrheit ablehnen.

Bisher hat das EP den gesamten Haushalt zweimal, 1979 und 1985, abgelehnt. Auf Drängen des EP wurden die Agrarausgaben gesenkt (→Agrarpolitik) und mehr Mittel für die Förderung wirtschaftlich schwacher Regionen eingesetzt (→Regionalpolitik).

3. Das EP ist an der Gesetzgebung beteiligt

Zu Beginn hatte das EP nur beratende Funktion. Inzwischen ist die Stellung des EP jedoch durch die Erweiterung seiner gesetzgebenden (legislativen) Befugnisse gestärkt worden. Die →Einheitliche Europäische Akte (EEA) vom 3. Dezember 1985 hat das Mitwirkungsrecht des EP am Gesetzgebungsverfahren ausgeweitet. Das bisherige Konsultationsverfahren zwischen EP und den anderen →Organen der EG ist durch ein Verfahren der Zusammenarbeit ersetzt worden. In allen wichtigen Fragen zur Schaffung des →Binnenmarktes 1992 wird das EP in zwei Lesungen gehört. Mit der absoluten Mehrheit im EP kann das EP Vorschläge und Gesetzesentwürfe des EG-Ministerrates und der EG-Kommission abändern.

Ehrung für Alexander Dubček (links): EG-Kommissionspräsident Enrique Baron Crespo (rechts) verleiht dem tschechoslowakischen Parlamentspräsidenten den Sacharow-Preis.

Außerdem erhält das EP durch die EEA das Recht, über weitere EG-Beitritte und bei Abkommen mit Drittländern mitzuentscheiden.

4. »Sacharow-Preis« des EP

Seit 1988 verleiht das EP jährlich einen »Sacharow-Preis für Geistige Freiheit« als Auszeichnung u. a. für das Eintreten für den Schutz der Menschenrechte und die Achtung des Völkerrechts. Preisträger des Jahres 1988 waren Nelson Mandela und Anatoli Marschenko.

Der »Sacharow-Preis« des Jahres 1989 wurde am 17. Januar 1990 in Straßburg dem neuen Präsidenten des Tschechoslowakischen Parlaments, Alexander Dubček, überreicht. Die von Dubček 1968 in der ČSSR eingeleitete Entwicklung zu einem demokratischen Sozialismus, der sog. Prager Frühling, war durch die Intervention von Truppen des →Warschauer Paktes im August 1968 gewaltsam beendet worden.

Die Ausschüsse des Europäischen Parlaments

In den 18 Ausschüssen werden die Plenarsitzungen des EP vorbereitet. In jedem Ausschuß sind die Mitglieder aller Fraktionen vertreten:

- Politischer Ausschuß mit Unterausschüssen für Sicherheit, Abrüstung und Menschenrechte
- Ausschuß für Landwirtschaft, Fischerei und Ernährung
- Haushaltsausschuß
- Ausschuß für Wirtschaft, Währung und Industriepolitik

- Ausschuß für Energie, Forschung und Technologie
- Ausschuß für Außenwirtschaftsbeziehungen
- Ausschuß für Recht und Bürgerrechte
- Ausschuß für soziale Angelegenheiten
- Verkehrsausschuß
- Ausschuß für Regionalpolitik und Raumordnung
- Ausschuß für Umweltfragen, Volksgesundheit und Verbraucherschutz
- Ausschuß für Jugend, Kultur, Bildung, Information und Sport
- Ausschuß für Entwicklung und Zusammenarbeit
- Ausschuß für Haushaltskontrolle
- Ausschuß für Geschäftsordnung und Petitionen
- Institutioneller Ausschuß
- Ausschuß für die Rechte der Frau
- Wahlprüfungsausschuß.

Europäisches Patentamt

1975 wurde das europäische Patentamt mit Sitz in München und Büros in Berlin und Den Haag gegründet. Es nahm 1977 seine Arbeit auf. Zur Zeit sind 13 europäische Staaten, die dem europäischen Patentübereinkommen beigetreten sind, beteiligt: Belgien, Bundesrepublik Deutschland, Frankreich, Griechenland, Großbritannien, Italien, Liechtenstein, Luxemburg, Niederlande, Österreich, Schweden, Schweiz, Spanien.

Das europäische Patentamt erteilt nach einem einheitlichen Verfahren auf Patente und Erfindungen Schutzrechte und erteilt z.B. auf neue Medikamente Zulassungen. Schutzrechte und Zulassungen gelten nicht automatisch für alle 13 Mitgliedstaaten des europäischen Patentübereinkommens, sondern nur für die jeweiligen Mitgliedstaaten, für die ein Antrag gestellt wurde. In Zukunft sollen jedoch die Patente für die EG-Mitgliedstaaten zu einem einheitlichen Patent zusammengefaßt werden. 1977 erteilte das Amt 1 800 Patente, 1988 schon rund 50 000.

Europäisches Währungssystem

Das Europäische Währungssystem (EWS) ist ein System zur währungspolitischen Zusammenarbeit in der →Europäischen Gemeinschaft (EG). Es beruht auf einer Entschließung des →Europäischen Rates vom 5. Dezember 1978 und einem Abkommen zwischen den Zentralbanken der EG-Mitgliedstaaten vom 13. März 1979.

Ziele und Bestandteile des EWS

Ziel des ESW ist es, durch engere währungspolitische Zusammenarbeit eine stabile Währungszone in Europa zu schaffen. Mit dem EWS wurde der 1972 errichtete

Europäische Wechselkursverbund, die sog. →Währungsschlange, weiterentwickelt. Die zentralen Bestandteile des EWS sind

1. die neue europäische Währungseinheit →ECU,
2. der Wechselkurs- und Interventionsmechanismus und
3. die Kreditmechanismen.

Funktionsweise

Die Mitgliedstaaten des EWS haben für ihre Währungen untereinander feste gegenseitige (bilaterale) Leitkurse vereinbart, so daß jedes Mitgliedsland gegenüber jedem anderen Mitgliedsland auf einen bestimmten Wechselkurs festgelegt ist. Die Marktkurse jeder Währung dürfen von diesen Leitkursen um bis zu plus/minus 2,25 % abweichen (Ausnahmen: Italien und Spanien plus/minus 6 %). Erreicht ein Land diese Abweichungen, so sind die betroffenen Zentralbanken zur Intervention durch Kauf bzw. Verkauf der anderen Währung verpflichtet.
Um drohende Abweichungen rechtzeitig abfangen zu können, hat jeder Mitgliedstaat die Pflicht, angemessene Korrekturmaßnahmen zu ergreifen, wenn seine Währung 75 % der zulässigen Abweichung, gemessen am Durchschnitt aller Mitgliedswährungen, erreicht.

Kredit- und Beistandsmechanismen

Mit Gründung des EWS wurden weitreichende Kredit- und Beistandsmechanismen vereinbart. Zur Überbrückung vorübergehender Zahlungsbilanzprobleme steht ein kurzfristiger Währungsbeistand der Zentralbanken in Höhe von

rund 14 Milliarden ECU (ca. 30 Milliarden DM) zur Verfügung. Mitgliedstaaten, die von Leistungs- oder Kapitalbilanzschwierigkeiten ernsthaft bedroht oder betroffen sind, können Darlehen bis zu insgesamt 16 Milliarden ECU (ca. 34 Milliarden DM) gewährt werden.
Dem EWS gehören alle 12 Mitgliedstaaten der EG an. Am wichtigsten Element, dem Wechselkurs- und Interventionsmechanismus, beteiligen sich Griechenland, Großbritannien und Portugal bisher jedoch nicht.

Europäische Union

Die Europäische Union (EU) ist Ziel der europäischen →Integration und offizielle Bezeichnung für die angestrebte politische Einigung der →Europäischen Gemeinschaft (EG). Allerdings gibt es noch keine allgemein verbindliche Definition über Aufbau, Aufgaben und Arbeitsweise dieser EU.

Europa-Pläne

Seit den →Römischen Verträgen zur Gründung der EG 1957 gab es verschiedene europapolitische Pläne, die die Voraussetzung für den politischen Zusammenschluß der EG-Mitgliedstaaten zur EU schaffen sollten. So 1961/62 den →Fouchet-Plan, 1976 den →Tindemans-Bericht, 1983 die »Feierliche Deklaration zur Europäischen Union« des → Europäischen Rates in Stuttgart und 1984 den »Entwurf eines Vertrages zur Gründung der Europäischen Union« des →Europäischen Parlamentes. Die →Einheitliche Europäische Akte von 1985, die wichtigste Reform der Römischen Verträge, legt das nächste Ziel der EG, den →Binnenmarkt 1992, verbindlich fest und ist eine wichtige Etappe auf dem Weg zur EU.

Die Grundprinzipien der Europäischen Union

Drei grundlegende Prinzipien sind für die Struktur der EU denkbar:

- **supranational:** In der EU werden Entscheidungen gemeinschaftlich auf europäischer Ebene getroffen. Dieses supranationale Prinzip bedeutet Verzicht der einzelnen EG-Staaten auf bisherige nationale Hoheitsrechte und Entscheidungsbefugnisse zu Gunsten gemeinschaftlicher, supranationaler Organe.
- **subsidiär:** Es könnte das sog. Subsidiaritätsprinzip gelten: Die EU handelt erst dann, wenn sie eine Aufgabe gemeinschaftlich wirkungsvoller als die einzelnen Mitgliedstaaten lösen kann.
- **föderativ:** Nach dem föderativen Prinzip wäre die EU ein Bundesstaat: die Vereinigten Staaten von Europa. Die einzelnen Staaten übertragen ihre Souveränität auf gemeinsame europäische Organe.

Wichtige Voraussetzungen

All diese möglichen Struktur- und Funktionsprinzipien der EU müßte eine europäische →Verfassung regeln. Wichtige Voraussetzung für die Schaffung der EU: Die Verfassungen der einzelnen Mitgliedstaaten müssen die Übertragung nationaler Hoheitsrechte auf supranationale Organe erlauben. Das Grundgesetz der Bundesrepublik Deutschland und die Verfassungen von Belgien, Dänemark, Irland, Italien und Portugal sehen dies ausdrücklich vor. Die Verfassungen Frankreichs und der Niederlande sind in dieser Frage nicht eindeutig geregelt. Großbritannien besitzt keine geschriebene Verfassung.

Zeittafel: Auf dem Weg zur Europäischen Union

1957: Unterzeichnung der Römischen Verträge. Gründung der EG.

1961: Fouchet-Plan zur Schaffung der Europäischen Union.

1972: Beschluß des Europäischen Rates in Paris zur Schaffung der Europäischen Union.

1976: Tindemans-Bericht zur Schaffung der Europäischen Union.

1983: »Feierliche Erklärung zur Europäischen Union« des Europäischen Rates in Stuttgart.

1984: »Entwurf eines Vertrages zur Gründung der Europäischen Union« des Europäischen Parlaments.

1985: Unterzeichnung der Einheitlichen Europäischen Akte.

1989: Das Europäische Parlament erhält vom Europäischen Rat den Auftrag, eine europäische Verfassung auszuarbeiten.

Europäische Verteidigungsgemeinschaft

Der Vertrag zur Gründung der Europäischen Verteidigungsgemeinschaft (EVG) wurde am 25. Mai 1952 von Italien, Belgien, den Niederlanden, Luxemburg, Frankreich und der Bundesrepublik Deutschland unterzeichnet.

Vorgeschichte: Der Pleven-Plan

Am 24. Oktober 1950 schlug der französische Ministerpräsident René Pleven in dem nach ihm benannten Pleven-Plan die Aufstellung einer europäischen Armee vor. An ihrer Spitze sollte ein europäischer Verteidigungsminister stehen, der einer neu zu schaffenden Europäischen Versammlung verantwortlich sein sollte. Grundgedanke des Pleven-Plans war, die bereits bestehenden nationalen Streitkräfte nur zu gewissen Teilen in die europäische Armee einzugliedern, während neu aufzustellende Streitkräfte einem gemeinsamen Kommando unterstellt werden sollten – dies betraf vor allem die deutschen Streitkräfte.
Nach schwierigen Verhandlungen wurde der Vertrag zur Gründung der EVG auf der Grundlage des Pleven-Plans am 27. Mai 1952 von den sechs westeuropäischen Staaten unterzeichnet. Wie schon beim →Schuman-Plan verweigerte Großbritannien auch hier seine Mitarbeit und hielt sich Versuchen zur europäischen →Integration fern.

Ziele

Eines der wichtigen Ziele der EVG war die Wiederbewaffnung der Bundesrepublik Deutschland und die Eingliederung ihrer Streitkräfte in eine →supranationale (überstaatliche) europäische Verteidigungsorganisation. Ein zweiter grundlegender Gedanke der EVG war es, durch eine integrierte europäische Armee bewaffnete Konflikte der sechs beteiligten Staaten untereinander unmöglich zu machen. Über die militärische Integration hinaus sah der EVG-Vertrag auch für die europäische Integration eine politische Rahmengebung vor.

Das Scheitern der EVG

Der EVG-Vertrag trat jedoch nicht in Kraft. Am 30. August 1954 scheiterte die EVG am Veto der französischen Nationalversammlung. Die Gründe: Frankreich scheute einerseits vor dem supranationalen Charakter der EVG zurück. Andererseits fürchtete es die Entstehung eines möglichen deutschen Übergewichtes in einer Europa-Armee. Das Scheitern der EVG fand in den USA keine Zustimmung. Das Problem wurde durch die Erweiterung des Brüsseler Paktes (→Westunion) zur →Westeuropäischen Union sowie durch den Beitritt der Bundesrepublik Deutschland zur →NATO gelöst.

Europäische Weltraumorganisation (ESA)

Die ESA (= *E*uropean *S*pace *A*gency) wurde 1975 mit dem Ziel gegründet, eine von den USA unabhängige Raumfahrt- und Weltraumtechnologie zu entwickeln. Sitz der ESA ist Paris. Ihre 13 Mitgliedstaaten sind Belgien, die Bundesrepublik Deutschland, Dänemark, Frankreich, Großbritannien, Irland, Italien, die Niederlande, Norwegen, Österreich, Schweden, die Schweiz und Spanien.
Vorläufer der ESA waren die 1961 gegründete Europäische Organisation für Entwicklung und den Bau von Raumfahrzeugträgern (ELDO) (Mitglieder: Belgien, Bundesrepublik Deutschland, Frankreich, Italien, die Niederlande, Australien) sowie die Europäische Weltraumforschungsorganisation (ESRO) von 1962 (Mitglieder: die ELDO-Länder, Dänemark, Spanien, Schweiz, Schweden).

Ziele der ESA

Ziel der ESA ist die europäische Zusammenarbeit in der Weltraumforschung für ausschließlich zivile Zwecke. Zu ihren Aufgaben gehören u. a.:

- die Durchführung des europäischen Satellitenprogramms
- die Entwicklung der europäischen Trägerrakete Ariane
- die Entwicklung des europäischen Weltraumlabors Spacelab und Fortsetzung der bemannten Raumfahrt
- die Zusammenarbeit mit der NASA zur Koordinierung der Weltraumpolitik.

Beteiligung der Länder an wichtigen ESA-Projekten

	Ariane 5 (Trägerrakete) in %	Hermes (Raumgleiter) in %	Columbus (Weltraumstation) in %
Belgien	4,45	6,40	5,00
Bundesrepublik Deutschland	22,00	30,00	38,00
Dänemark	0,09	0,40	1,00
Frankreich	47,93	42,00	15,00
Großbritannien	1,10	3,37	15,00
Irland	0,04	0,20	–
Italien	15,00	15,00	25,00
Niederlande	1,00	4,00	4,00
Norwegen	0,37	–	0,50
Österreich	–	0,07	0,50
Schweden	4,05	2,50	0,5625
Schweiz	0,32	2,00	2,00
Spanien	0,69	5,60	8,00
Kanada	–	1,10	–
	97,04	112,64	114,5625

Aufbau und Zentren der ESA

Die Finanzmittel der ESA (1989: 3,5 Milliarden DM) werden anteilmäßig nach Projektbeteiligung von den Mitgliedstaaten der ESA getragen. Der ESA-Rat der Forschungsminister bestimmt die Politik, ein Generalsekretär führt die laufenden Geschäfte. Die wichtigsten Einrichtungen der ESA sind:

– das Europäische Zentrum für Weltraumforschung und

Technologie (ESTEC) in den Niederlanden. ESTEC ist für die angewandte Forschung in der Weltraumtechnologie verantwortlich. Mitarbeiter: 700.
- das Europäische Operationszentrum für Weltraumforschung (ESOC) in Darmstadt. ESOC ist für das Satellitenprogramm zuständig. Mitarbeiter: 200.
- das Europäische Weltraumdokumentationszentrum (ESPRIN) in Italien. ESPRIN sammelt und speichert die Informationsdaten für ESA. Mitarbeiter: 60.

→Telekommunikation

Beteiligung der Länder an wichtigen ESA-Projekten

Europäische Wirtschaftsgemeinschaft

Am 25. März 1957 unterzeichneten die sechs in der →Europäischen Gemeinschaft für Kohle und Stahl (EGKS, Montanunion) zusammengeschlossenen Staaten Belgien, Bundesrepublik Deutschland, Frankreich, Italien, Luxemburg und die Niederlande in Rom den Vertrag über die Gründung der Europäischen Wirtschaftsgemeinschaft (EWG).

Der EWG-Vertrag und der am gleichen Tag zwischen diesen Staaten geschlossene Vertrag über die Gründung der → Europäischen Atomgemeinschaft (EAG; Euratom) werden auch →Römische Verträge genannt. Sie traten am 1. Januar 1958 in Kraft.

Ziele der EWG

Laut EWG-Vertrag ist es Aufgabe der Gemeinschaft, durch die Errichtung eines →Gemeinsamen Marktes und die schrittweise Annäherung der Wirtschaftspolitik der Mitgliedstaaten folgende Ziele zu fördern:
- eine harmonische Entwicklung des Wirtschaftslebens innerhalb der Gemeinschaft,
- eine beständige und ausgewogene Wirtschaftsausweitung,
- größere Stabilität,
- eine beschleunigte Anhebung der Lebenshaltung,
- engere Beziehungen zwischen den Mitgliedstaaten.

Zur Verwirklichung dieser Ziele sieht der EWG-Vertrag u. a. vor:
- Errichtung einer →Zollunion zwischen den Mitgliedstaaten durch die Beseitigung der Binnenzölle und mengenmäßigen Beschränkungen bei der Ein- und Ausfuhr von Waren,
- Einführung eines gemeinsamen Zolltarifes und einer gemeinsamen Handelspolitik gegenüber Drittländern,
- den ungehinderten Personen-, Dienstleistung-, Waren- und Kapitalverkehr innerhalb der EG (→Freizügigkeit, →Dienstleistungsfreiheit, →Kapitalverkehr),
- Einführung einer gemeinsamen →Agrar- und →Verkehrspolitik,
- Schutz des Wettbewerbs innerhalb des Gemeinsamen Marktes vor Verfälschung,

- Koordination der Wirtschaftspolitik der Mitgliedstaaten und Angleichung der innerstaatlichen Rechtsvorschriften (→Rechtsangleichung),
- Schaffung eines Europäischen →Sozialfonds und einer →Europäischen Investitionsbank.

Zusammenschluß zur Europäischen Gemeinschaft (EG)

Bereits während der Verhandlungen zur Gründung der EWG und der EAG wurde eine Zusammenlegung der Parlamentarischen Versammlungen und der Gerichtshöfe dieser beiden Gemeinschaften mit den entsprechenden Organen der EGKS vereinbart. 1965 schlossen die Mitgliedstaaten einen »Vertrag zur Einsetzung eines gemeinsamen Rates und einer gemeinsamen Kommission der Europäischen Gemeinschaften (EG)« (→Organe der EG), den sog. Fusionsvertrag. Damit war für die drei Gemeinschaften EWG, EAG und EGKS ein gemeinsames institutionelles Dach geschaffen. Seit dem 1. Juli 1967 bestehen ein gemeinsamer →Ministerrat der EG, ein gemeinsames →Europäisches Parlament und eine gemeinsame →Kommission der EG mit Sitz in Brüssel für alle drei Gemeinschaften.

Europapaß

Der Europapaß ist der einheitliche Paß für alle 12 Länder der →Europäischen Gemeinschaft (EG). Er ersetzt den bisherigen Reisepaß. In der Bundesrepublik Deutschland gibt es den Europapaß seit 1. Januar 1988. Gegen eine Gebühr von 30 DM ist er beim Einwohnermeldeamt erhältlich. →Grenzkontrollen

Europarat

Der Europarat ist die älteste und umfassendste zwischenstaatliche Organisation freiheitlicher demokratischer Staaten Europas. Er wurde 1949 in Straßburg gegründet und umfaßt heute 23 Mitgliedsländer, nämlich die 10 Gründerstaaten Belgien, Dänemark, Frankreich, Großbritannien, Italien, Irland, Luxemburg, Niederlande, Norwegen, Schweden und die später beigetretenen Staaten Bundesrepublik Deutschland, Finnland, Griechenland, Island, Liechtenstein, Malta, Österreich, Portugal, San Marino, die Schweiz, Spanien, Türkei und Zypern.
Der Europarat ist eine selbständige Institution und mit der →Europäischen Gemeinschaft (EG) weder rechtlich noch organisatorisch verbunden. Seine Organe sind

- das Ministerkomitee, zusammengesetzt aus den Außenministern aller Mitgliedstaaten,

- die Beratende Versammlung, in die Parlamentarier aus allen Mitgliedstaaten entsandt werden. Die Bundesrepublik Deutschland entsendet 18 Vertreter.

Die Beratende Versammlung kann Entschließungen annehmen und Empfehlungen an das Ministerkomitee richten, das seinerseits Empfehlungen an die Regierungen der Mitgliedstaaten aussprechen kann. Sitz des Generalsekretariats des Europarats ist Straßburg.

Ziel des Europarats ist die Einigung Europas. Arbeitsschwerpunkte sind u.a. die Bewahrung des kulturellen Erbes, der gemeinsame Schutz natürlicher Ressourcen, die Harmonisierung einzelstaatlicher Gesetze und der stufenweise Abbau nationaler Unterschiede. Insgesamt hat der Europarat bisher 120 Konventionen verabschiedet. Dazu gehören als bedeutendste die Europäische Konvention zum Schutz der →Menschenrechte und Grundfreiheiten von 1950 sowie die Europäische Sozialcharta.

1989 haben Ungarn und Jugoslawien die Aufnahme in den Europarat beantragt.

Europarecht

Im weiteren Sinne wird unter Europarecht das Recht der internationalen Zusammenschlüsse in Europa verstanden. Im engeren Sinne bezeichnet man mit Europarecht das Recht der →Europäischen Gemeinschaft (EG) (→Europäisches Gemeinschaftsrecht).

Start einer Ariane-2-Rakete im europäischen Raumfahrtzentrum in Kourou am 28. 10. 1988. Sie beförderte einen Fernsehsatelliten in seine Erdumlaufbahn.

Eurovision

Die Eurovision ist ein seit 1954 bestehendes System zum Austausch von Programmen der Mitglieder der Europäischen Rundfunkunion (UER/EBU). Über die Eurovisionszentrale in Genf bieten derzeit 33 Rundfunkanstalten in 31 Ländern der europäischen Rundfunkzone den anderen Anstalten alle eigenen Fernsehübertragungen zur kostenlosen Übernahme an. Aufgrund der Sprachgrenzen handelt es sich überwiegend um Sportsendungen.
Mit der Intervision, der osteuropäischen Parallelorganisation, besteht ein Gegenseitigkeitsabkommen.

»Festung Europa«

Das Ziel der →Europäischen Gemeinschaft (EG), bis zum 31. Dezember 1992 einen Europäischen →Binnenmarkt zu schaffen, weckt besonders in den USA und in Japan Befürchtungen, die EG würde sich in einer »Festung Europa« verschanzen und sich gegenüber Drittländern handelspolitisch abschotten.
Nach Ansicht der EG ist diese Befürchtung unbegründet, da die EG ihre Handelsbeziehungen zu Drittländern, besonders zu den Staaten der → EFTA, den osteuropäischen Ländern des →Rates für gegenseitige Wirtschaftshilfe

(RGW) und den Entwicklungsländern (→ AKP-Staaten, → Entwicklungshilfe) weiter ausbauen wird. → Außenhandel der Europäischen Gemeinschaft

Film und Fernsehen

Im März 1982 legte der ehemalige Kultusminister von Baden-Württemberg, der Europaabgeordnete (→ MdEP) Professor Wilhelm Hahn, einen Bericht über Rundfunk und Fernsehen in der → Europäischen Gemeinschaft (EG) vor. Dieser Bericht wurde vom → Europäischen Parlament einstimmig angenommen und führte im Juni 1984 zum »Grünbuch über die Errichtung des Gemeinsamen Marktes für den Rundfunk, insbesondere über Satellit und Kabel« der → Kommission der EG. Dieses »Grünbuch« ist Grundlage des EG-Projekts »Fernsehen ohne Grenzen«.

Im Theater des Westens in Berlin wurde im Rahmen eines Gala-Abends am 26. November 1988 zum erstenmal der neugeschaffene Europäische Filmpreis verliehen.

1. EUROPÄISCHER FILMPREIS
Wir danken den Sponsoren
1. Europäischen Filmpreis
DAIMLER-BENZ
BERTELSMANN

EG-Fernsehrichtlinie

1989 beschloß der Rat der Außenminister der EG eine Quotenregelung für europäische Fernsehproduktionen. Künftig sollen in der EG die Fernsehanstalten über 50% ihrer Sendezeit Film- und TV-Programme ausstrahlen, die in Europa hergestellt worden sind. Die Quotenregelung soll die europäischen Fernsehproduktionen vor der Konkurrenz aus den USA und Japan schützen.
Außerdem wurde eine EG-Regelung für Werbung im Fernsehen beschlossen. So soll Werbung für Tabak, Zigaretten und Arzneimittel in der EG generell verboten werden.
Die EG-Fernsehrichtlinie gilt sowohl für öffentlich-rechtliche als auch private Sendeanstalten und tritt 1991 in Kraft. Sie wurde gegen die Stimmen Belgiens und Dänemarks angenommen, ist jedoch lediglich ein politisches Ziel und somit juristisch nicht einklagbar.

Außerdem gibt es im Bereich von Film und Fernsehen
- seit 1989 eine »Europäische Vereinigung der Fernsehzuschauer«,
- seit 1988 den »Europäischen Filmpreis«, der jährlich für europäische Produktionen auch außerhalb der EG verliehen werden soll,
- eine europäische Akademie für Film und audiovisuelle Kunst,
- ein EG-Filmbüro in Hamburg,
- das Medienprogramm der EG-Kommission (→Kulturpolitik).

HDTV

Im April 1989 hat der →Ministerrat der EG die europaweite Einführung des hochauflösenden Fernsehens HDTV (*H*igh *D*efinition *T*ele*v*ision) ab 1992 empfohlen. HDTV ist ein Fernsehsystem, das schärfere und größere Bilder und CD-Tonqualität erreichen wird. Außerdem ermöglicht HDTV einen Mehrkanalton von mindestens acht Sprachen. An dem Projekt sind 30 europäische Unternehmen und Forschungsinstitute beteiligt. Die Gesamtkosten betragen ca. 500 Millionen DM.

Finnlandisierung

Mit dem Schlagwort »Finnlandisierung« wird gelegentlich die eingeschränkte außenpolitische Handlungsfreiheit eines Staates gekennzeichnet, dessen Neutralität durch seine Lage an der Nahtstelle der Systemauseinandersetzungen zwischen Ost und West begrenzt ist.
Der Begriff entstand angesichts der besonderen Einflußnahme der Sowjetunion auf den Nachbarstaat Finnland nach dem Zweiten Weltkrieg, die die außenpolitischen Möglichkeiten und die neutrale Stellung Finnlands einengte.
Als politischer Kampfbegriff spielte die Finnlandisierung in der Bundesrepublik Deutschland bei den Abrüstungsdebatten der 70er und 80er Jahre eine Rolle. Mit ihm

wurde vor einer (sowjetischen) Politik gewarnt, die ein wiedervereinigtes und neutrales Deutschland zum Ziel hat.

Forschung, europäische

Erst seit Inkrafttreten der →Einheitlichen Europäischen Akte (EEA) 1987, die die →Römischen Verträge von 1957 ergänzt, verfügt die →Europäische Gemeinschaft (EG) über eine gemeinsame Rechtsgrundlage für eine gemeinschaftliche Forschungs- und Technologiepolitik. Anfangs war die Forschung nur für Einzelbereiche geregelt, so in der →Europäischen Gemeinschaft für Kohle und Stahl (EGKS; Montanunion) von 1951 für die Kohle- und Stahlforschung oder in der →Europäischen Atomgemeinschaft (EAG; Euratom) von 1957 für die Kernforschung.

1974 legte der → Europäische Rat die Ziele der gemeinsamen Forschungs- und Technologiepolitik fest:

1. Sicherung der Ressourcen (Energie, Wasser, Rohstoffe),
2. Förderung der internationalen Wettbewerbsfähigkeit,
3. Verbesserung der sozialen Lebens- und Arbeitsbedingungen,
4. Schutz von Umwelt und Natur.

Diesen Zielen müssen die mehrjährigen EG-Programme verpflichtet sein. Zur Ausführung der Programme gibt es die Möglichkeit der

a) direkten Aktion durch die Gemeinsame Forschungsstelle.
   Die EG übernimmt sämtliche Kosten.
b) indirekten Aktion durch öffentliche Ausschreibungen.
   Die EG übernimmt 50% der Forschungskosten.
c) konzertierten Aktion durch Koordinierung nationaler Projekte durch die →Kommission der EG. Die Programme werden von den Mitgliedsländern ausgeführt.

Die Mittel für die gemeinsame Forschung stammen aus dem →Haushalt der EG.

EG-Forschungsprogramm 1987–1991

In einem EG-Rahmenprogramm für Forschung und Technologische Entwicklung sind die Forschungsschwerpunkte der EG bis 1991 festgelegt. Das Rahmenprogramm läuft seit 1987, ist mit rund 13 Milliarden DM ausgestattet und sieht die Förderung der folgenden acht großen Forschungsbereiche vor:

1. Lebensqualität: Forschungen im Bereich der Gesundheit (Krebs, Aids), Strahlenschutz, Umwelt (Ozonschicht).
2. Informationstechniken: Hier z.B. das Projekt → ESPRIT (*E*uropean *S*trategic *P*rogramme for *R*esearch) in den *I*nformationstechnologien (Mikroelektronik, Software), Forschungen zur → *T*elekommunikation und Verkehrssicherheit.
3. Industrielle Modernisierung: u.a. Untersuchungen zum Recycling und Einsatz neuer Technologien in der verarbeitenden Industrie.

4. Biotechnologie: Projekte zur biotechnischen Anwendung in der Landwirtschaft.
5. Energie: Die drei großen Projekte sind
   a) Forschungen zur nuklearen Sicherheit in der Gemeinsamen Forschungsstelle der EG
   b) Erforschung alternativer Energien (Sonnen- und Windenergie)
   c) Forschungen zur Kernfusion im Projekt JET (*J*oint *E*uropean *T*ours).
6. Entwicklungshilfe: Gemeinsame Vorhaben von EG und Entwicklungsländern in Landwirtschaft und Tropenmedizin.
7. Meeresforschung: Erkundung des Meeresbodens.
8. Forschungskooperation: Programme zur spitzentechnologischen Zusammenarbeit großer Forschungsanstalten und Untersuchungen zur sozialen und ökologischen Folgenabschätzung der neuen Technologien.

Die Gemeinsame Forschungsstelle der EG

Die Gemeinsame Forschungsstelle der EG (GFS) wurde 1957 als Instrument der Euratom gegründet.
Sie hat Institute in Ispra (Italien), Geel (Belgien), Petten (Niederlande) und Karlsruhe (Bundesrepublik Deutschland). Ihre Schwerpunkte lagen in der Kernforschung, der nuklearen Sicherheit sowie in der Entwicklung und dem Bau von Kernreaktoren. Durch nationales Konkurrenzdenken geriet die GFS jedoch schnell in eine Krise. Erst ab 1973 gewann sie wieder an Bedeutung, als sie ihre Forschungsaktivitäten auf nichtnukleare Bereiche ausdehnte. Zur Zeit liegen die Schwerpunkte der GFS auf der nuklea-

ren Sicherheit, der Erforschung neuer Energiequellen und der Umweltforschung (→Umweltschutz). Der Jahresetat der GFS mit rund 2 300 Mitarbeitern beträgt ca. 340 Millionen DM.

Forschungseinrichtungen der EG in der Bundesrepublik Deutschland

- Europäische Organisation für Astronomische Forschung in der südlichen Hemisphäre (ESO) in Garching
- Europäische Konferenz für Molekularbiologie (EMBC) und Europäisches Laboratorium für Molekularbiologie (EMBL) in Heidelberg
- Gemeinsame Forschungsstelle der EG (GFS) in Karlsruhe
- Europäischer Transschall-Windkanal (ETW) in Köln
- Institut für Silizium-Technologie in Itzehoe (ab 1994).

Fouchet-Plan

In Anlehnung an die europäische →Integration im Bereich der Wirtschaft sah der Fouchet-Plan von 1961 eine engere Zusammenarbeit der Mitgliedstaaten der →Europäischen Gemeinschaft (EG) in politischen Fragen vor. Dieser Plan, der unter Vorsitz des Franzosen Christian Fouchet ausgearbeitet wurde, war ein Entwurf für eine »Union der europäischen Völker«. Nach französischen Vorstellungen und entsprechend den Wünschen de Gaulles waren die Ziele des Fouchet-Plans eine gemeinsame Außen-, Kultur- und Verteidigungspolitik in einem Europa der Vaterländer. Der Plan scheiterte am Streit zwischen den Befürwortern einer europäischen Zusammenarbeit souveräner Staaten auf Regierungsebene (konföderales Prinzip) und den Befürwortern einer europäischen Integration mit unabhängigen EG-Institutionen (→supranationales Prinzip). →Tindemans-Bericht, →Europäische Union.

Freihandelszone

Eine Freihandelszone entsteht, wenn sich zwei oder mehrere Staaten zusammenschließen, um →Zölle und andere Handelsbeschränkungen im Handel untereinander zu beseitigen. Gegenüber Drittländern bleiben jedoch die jeweiligen nationalen Außenzölle bestehen. Beispiel für eine Freihandelszone ist die →EFTA. Die Freihandelszone ist eine Vorstufe zur →Zollunion.

Freizügigkeit

Seit 1968 ist in der →Europäischen Gemeinschaft (EG) die Freizügigkeit verwirklicht. Jeder EG-Bürger hat das Recht, in einem anderen EG-Land zu leben, zu arbeiten und zu wohnen, ohne aufgrund seiner Staatsangehörigkeit benachteiligt zu werden. Für Spanien und Portugal, die 1986 in die EG eingetreten sind, gilt die Freizügigkeit nach Ablauf der 7jährigen Übergangsfrist ab 1993.
Die Freizügigkeit galt bisher nur für Arbeitnehmer und Selbständige. Nach einer neuen EG-Richtlinie sollen in Zukunft auch Studenten, Rentner und andere nicht Erwerbstätige innerhalb der EG freies Aufenthaltsrecht haben. Voraussetzung hierfür sind der Nachweis einer Krankenversicherung und ausreichende finanzielle Mittel. Die Behörden sollen das Recht erhalten, die Aufenthaltsgenehmigung in gewissen Abständen zu überprüfen. Für Studenten ist ein Aufenthaltsrecht von einem Jahr, für Rentner von fünf Jahren vorgesehen. Das →Europäische Parlament muß dieser Richtlinie noch zustimmen.

GATT

Das Allgemeine Zoll- und Handelsabkommen GATT (*G*eneral *A*greement on *T*ariffs and *T*rade) wurde 1947 von 23 Ländern abgeschlossen. Heute gehören dem GATT 96 Staaten an, darunter auch einige Mitglieder des →Rats für gegenseitige Wirtschaftshilfe RGW (ČSSR, Polen, Rumänien, Ungarn). Sitz des GATT-Sekretariats ist Genf. Ziel des GATT ist die →Liberalisierung des Welthandels durch Abbau von →Zöllen und anderen →Handelshemmnissen wie Dumping, →Subventionen des Exports, →Kontingenten, Diskriminierungen etc. Zu diesem Zweck wurde im GATT die sog. Meistbegünstigungsklausel vereinbart, d. h., jede Handels- und Zollerleichterung, die einem Land gewährt wird, muß auch allen anderen GATT-Mitgliedern gegenüber angewandt werden. Ausnahmen von dieser Regel gelten für →Freihandelszonen, →Zollunionen oder eingeräumten Zollvorteilen für Entwicklungsländer.

In langjährigen Verhandlungsrunden befassen sich die GATT-Länder mit internationalen Handelsproblemen. In der sechsten, der sog. Kennedy-Runde von 1964–1967, wurden die Zolltarife um rund 35 % gesenkt. In der siebten, der sog. Tokio-Runde von 1973–1979, wurden Abkommen zum Abbau nicht-tarifärer Handelshemmnisse geschlossen und ein Katalog mit Sonderregelungen für Entwicklungsländer erlassen. Noch bis 1990 läuft seit 1986 die gegenwärtige sog. Uruguay-Runde.

Gemeinsamer Markt

Gemeinsamer Markt ist eine frühere Bezeichnung für das Ziel, innerhalb der →Europäischen Gemeinschaft (EG), einen Raum ohne Binnengrenzen (→Binnenmarkt) zu verwirklichen.

Aufgaben des Gemeinsamen Marktes

Die Errichtung eines Gemeinsamen Marktes wird im Vertrag zur Gründung der →Europäischen Wirtschaftsgemeinschaft (EWG) als eine der beiden zentralen Aufgaben genannt, um die Hauptziele der Gemeinschaft zu erreichen. Die zweite Aufgabe besteht in der schrittweisen Annäherung der Wirtschaftspolitik der Mitgliedstaaten.
Insofern ist die Bezeichnung Gemeinsamer Markt nicht – wie im Sprachgebrauch üblich – mit der EWG oder gar EG gleichzusetzen. Der Gemeinsame Markt bezeichnet lediglich den freien, gleichen Bedingungen unterworfenen Verkehr von Waren, Dienstleistungen und Kapital sowie die →Freizügigkeit der Arbeitnehmer und das →Niederlassungsrecht von Selbständigen und Gesellschaften.

Ziele des Gemeinsamen Marktes

Artikel 2 des EWG-Vertrages bestimmt »die Errichtung eines Gemeinsamen Marktes und die schrittweise Annäherung der Wirtschaftspolitik der Mitgliedstaaten« als den Weg, um verschiedene Ziele zu fördern:

- eine harmonische Entwicklung des Wirtschaftslebens innerhalb der Gemeinschaft,
- ein beständiges und ausgewogenes Wirtschaftswachstum,
- eine größere Stabilität,
- eine beschleunigte Hebung des Lebensstandards,
- engere Beziehungen zwischen den Mitgliedstaaten.

Genfer Verhandlungen

Bei den Genfer Verhandlungen handelt es sich um zweiseitige amerikanisch-sowjetische Verhandlungen über →Abrüstung und Rüstungskontrolle

- bei den strategischen nuklearen Waffen (START-Verhandlungen = *S*trategic *A*rms *R*eduction *T*alks)

sowie

- bei den Weltraumwaffen.

Im Bereich der nuklearen Mittelstreckenwaffen haben die Genfer Verhandlungen mit Unterzeichnung des INF-Vertrages (*I*ntermediate Range *N*uclear *F*orces) am 8. Dezember 1987 bereits einen erfolgreichen Abschluß gefunden.

Grenzkontrollen

Im europäischen →Binnenmarkt sollen bis Ende 1992 die Grenzkontrollen an den Binnengrenzen der →Europäischen Gemeinschaft (EG) abgeschafft werden. Vorstufen zum schrittweisen Abbau dieser Kontrollen sind die Abkommen der Bundesrepublik Deutschland mit Frankreich von 1984, mit Österreich von 1984, das sog. →Schengener Abkommen mit Frankreich und den →Benelux-Staaten von 1985 sowie das Abkommen mit Dänemark von 1986.

Erste Fortschritte im Personenreiseverkehr sind:

- **die Reisefreimengen.** Die Freimengen für Waren aus den Mitgliedstaaten der EG sind höher als die Freimengen für andere Länder. Ein Vorschlag der →Kommission der EG von 1989 sieht vor, in einer Übergangsregelung die Reisefreimengen bis 1993 zu verdoppeln.
- **die grüne E-Plakette.** Sie erleichtert den Grenzübergang zwischen den Staaten des Schengener Abkommens.
- **der Europapaß.** Er ist der einheitliche Paß für alle Länder der EG und ersetzt den bisherigen nationalen Reisepaß. In der Bundesrepublik Deutschland gibt es den Europapaß seit 1. Januar 1988.

	Freimengen in EG-Ländern	Freimengen in anderen Ländern	Freimengen für Bewohner des Zollgrenz-bezirks
Zigaretten	300 Stück	200 Stück	40 Stück
Alkohol über 22% Vol.	1,5 l	1 l	0,25 l
Alkohol unter 22% Vol.	3 l	2 l	0,5 l
Sekt	3 l	2 l	0,5 l
Wein	5 l	2 l	0,5 l
Kaffee	1 000 g	300 g	75 g
Tee	200 g	60 g	15 g
Parfüm	75 g	30 g	7,5 g

Quelle: Europa-Union Verlag, Bonn

Voraussetzung für die Beseitigung der innergemeinschaftlichen Grenzkontrollen auch im Waren-, Dienstleistungs- und → Kapitalverkehr ist die Abschaffung der noch bestehenden Handelsschranken. Durch eine → Rechtsangleichung müssen technische und indirekte → Handelshemmnisse sowie die unterschiedlichen Mehrwert- und Verbrauchssteuern (→ Steuerpolitik) in den einzelnen EG-Ländern entfallen. Nach Schätzungen des → Cecchini-Berichts betragen die Kosteneinsparungen durch Wegfall der Grenzformalitäten jährlich 18,4 Milliarden DM.
Der Abbau der Grenzkontrollen erfordert ebenfalls eine verstärkte Zusammenarbeit der EG-Mitgliedstaaten zur Bekämpfung des Terrorismus und des Drogenhandels (→ TREVI).

Hallstein-Doktrin

Die sog. Hallstein-Doktrin, die von Konrad Adenauer in der Regierungserklärung vom 23. September 1953 als offizieller Grundsatz deutscher Außenpolitik formuliert wurde, geht auf Walter Hallstein, seinen damaligen außenpolitischen Berater, zurück. Die Doktrin besagt, daß die Bundesrepublik Deutschland aufgrund ihres demokratisch legitimierten Alleinvertretungsanspruchs für das gesamte deutsche Volk mit keinem Staat diplomatische Beziehungen aufnehmen oder unterhalten werde, der gleichzeitig diplomatische Beziehungen mit der →DDR pflegt.
Die Anwendung der Hallstein-Doktrin führte zum Abbruch der diplomatischen Beziehungen mit Jugoslawien 1957 und Kuba 1963. Durch die Aufnahme diplomatischer Beziehungen zu Rumänien 1967 und erneut zu Jugoslawien 1969 wurde die Hallstein-Doktrin fragwürdig. Spätestens mit Abschluß des Grundlagenvertrages mit der DDR 1972 wurde sie endgültig aufgegeben.
Walter Hallstein war von 1958–1967 erster Präsident der Kommission der →Europäischen Wirtschaftsgemeinschaft (EWG).

Handelshemmnisse

Direkte Handelshemmnisse wie →Zölle und mengenmäßige Beschränkungen im Import und Export sind in der →Europäischen Gemeinschaft (EG) durch Verwirklichung der →Freihandelszone und der →Zollunion praktisch verschwunden. Im Gegenzug haben jedoch *indirekte* oder sog. nicht-tarifäre Handelshemmnisse zugenommen. Indirekte Hemmnisse sind z. B. technische Normen, Prüfverfahren, Vorschriften oder Qualitätsanforderungen, die innerhalb der EG von Land zu Land unterschiedlich sind und den freien Warenaustausch behindern.
Um den europäischen →Binnenmarkt 1992 in die Praxis umzusetzen, müssen die im →Weißbuch genannten Handelsschranken und -hemmnisse beseitigt (→Grenzkontrollen, →Steuerpolitik) und die verschiedenen nationalen Rechtsvorschriften angeglichen werden (→Rechtsangleichung). Handelshemmnisse sind im Vertrag der →Europäischen Wirtschaftsgemeinschaft (EWG) verboten. Rechtsvorschriften, die den freien Handel erschweren, sind deshalb unzulässig und dürfen nur dem Schutz der menschlichen Gesundheit, des menschlichen Lebens und der Umwelt dienen.
Der Abbau der Handelshemmnisse im Welthandel ist auch Ziel des →GATT.

Harmonisierung

Harmonisierung ist ein Begriff aus dem →Europäischen Gemeinschaftsrecht und steht für die Angleichung unterschiedlicher nationaler Rechts- und Verwaltungsvorschriften der einzelnen Mitgliedstaaten der →Europäischen Gemeinschaft (EG), um Wettbewerbsnachteile innerhalb der EG zu vermeiden (→Rechtsangleichung).

Haushalt der Europäischen Gemeinschaft

Im Anfang wurden die →Europäische Wirtschaftsgemeinschaft (EWG) und die →Europäische Atomgemeinschaft (EAG) durch direkte Finanzbeiträge der EG-Mitgliedstaaten finanziert. Die →Europäische Gemeinschaft für Kohle und Stahl (EGKS) finanzierte sich durch eine eigene auf die Erzeugung von Kohle und Stahl erhobene Umlage. Seit 1970 wurden die Finanzbeiträge der EG-Länder schrittweise durch Einführung eigener Einnahmequellen ersetzt. Seit 1. Januar 1980 verfügt die EG über einen eigenständigen, EGKS, EAG und EWG umfassenden Haushalt, der sich vollständig aus eigenen Einnahmen finanziert und auf Direktbeiträge der EG-Staaten verzichtet (→Zahlmeister).

Einnahmen im EG-Haushaltsjahr 1989 in ECU

	Abgaben für Zucker und Traubenzucker	Agrar-Abschöpfungen	Zölle des Gemeinsamen Zolltarifs	Mehrwertsteuer-Eigenmittel	Eigenmittel aus dem Anteil am Bruttosozialprodukt	insgesamt
Belgien	82 497 600	186 210 000	571 500 000	840 000 000	127 810 005	1 808 017 605
Bundesrepublik Deutschland	302 230 700	139 950 000	2 858 400 000	7 051 730 539	968 847 465	11 321 158 704
Dänemark	46 449 900	8 370 000	211 500 000	581 000 000	87 971 377	935 291 277
Frankreich	371 234 700	94 590 000	1 296 000 000	6 058 241 002	760 900 618	8 580 966 320
Griechenland	9 867 600	18 360 000	126 000 000	322 000 000	51 162 975	527 390 575
Großbritannien	72 644 400	175 140 000	2 295 000 000	3 066 905 727	637 333 981	6 247 027 108
Irland	14 201 100	6 030 000	135 000 000	181 343 798	21 996 156	352 571 054
Italien	133 853 400	321 950 000	972 000 000	4 284 000 000	753 237 713	6 465 041 113
Luxemburg	–	180 000	8 100 000	59 432 002	7 208 824	74 920 826
Niederlande	94 122 900	95 040 000	900 000 000	1 367 946 624	180 775 126	2 637 884 650
Portugal	88 200	65 790 000	108 000 000	279 635 183	33 918 441	487 431 824
Spanien	58 009 500	165 690 000	472 500 000	2 126 866 777	272 456 580	3 095 522 857
insgesamt:	1 185 200 000	1 277 300 000	9 954 000 000	26 219 104 652	3 903 619 261	42 539 223 913
Anteil am Gesamthaushalt:	2,79%	3,00%	23,40%	61,64%	9,17%	

Einnahmequellen der EG sind u. a.:

1. Alle →Zölle und Abgaben, die beim Import (Einfuhr) in die EG von Gütern aus Drittländern erhoben werden. Hierzu zählen z.B. die →Abschöpfungen für Agrarerzeugnisse.
2. Eine festgesetzte Abgabe für in der EG hergestellten Zucker und Traubenzucker.
3. Maximal 1,4 % der Mehrwertsteuer der einzelnen Mitgliedstaaten.
4. Ein nicht festgesetzter Anteil am Bruttosozialprodukt, d.h. an der wirtschaftlichen Leistungskraft der einzelnen EG-Staaten während eines Jahres. Dieser prozentuale Anteil wird jeweils im Rahmen der Haushaltsaufstellung neu berechnet. Er wird nur dann erhoben, wenn die übrigen Einnahmequellen den Finanzbedarf der EG nicht decken können. Diese neue sog. vierte Einnahmequelle wurde vom →Europäischen Rat am 11./12. Februar 1988 beschlossen.

Die Ausgaben der EG

Zu den *obligatorischen,* d.h. durch die →Römischen Verträge oder durch EG-Gesetze vorgeschriebenen Ausgaben für die gemeinsame EG-Politik gehören hauptsächlich die Ausgaben für die gemeinsame →Agrarpolitik. Das →Europäische Parlament (EP), das an der Aufstellung und Verabschiedung des Haushalts ein wesentliches Mitspracherecht hat, senkte den hohen Anteil der Agrarausgaben im EG-Haushalt von früher 90 % auf rund 60 %. Die Höhe der obligatorischen Ausgaben wird durch gemeinsam

Anteile der verschiedenen Ausgaben
Ausgaben am Gesamthaushalt der EG 1989

	in %
Agrarmärkte	61,87
(davon Garantie EAGFL 59,64 %)	
Regionalpolitik, Verkehrspolitik	9,66
Sozialpolitik	7,29
Rückzahlungen, Reserven	6,49
Forschung, Energie, Industrie	3,26
Entwicklungspolitik	2,30
Sonstiges	9,13

beschlossene Verpflichtungen der EG fixiert. Das EP kann hier nur Änderungen vorschlagen.

Zu den *nichtobligatorischen* Ausgaben gehören wichtige Bereiche wie →Sozialpolitik, →Regionalpolitik, →Forschung und Technologie und →Entwicklungspolitik. Diese nichtobligatorischen Ausgaben machen zur Zeit ca. 20 % des Haushaltes aus. Diese Ausgaben kann das EP in begrenztem Umfang verändern und verschieben. Außerdem kann das EP den gesamten Haushalt der EG aus schwerwiegenden Gründen ablehnen und so eine Neuaufstellung fordern.

Der Europäische Rat hat im Februar 1988 die Ausgaben der EG bis 1992 auf 1,3 % des gesamten EG-Bruttosozial-

produktes begrenzt und die Mittel der →Strukturfonds bis 1992 verdoppelt.
1989 beliefen sich die Ausgaben der EG auf ca. 50 Milliarden ECU, d.h. auf ca. 100 Milliarden DM. Ein Vergleich: Diese Summe entspricht rund 3,5% der Gesamtsumme aller nationalen öffentlichen Ausgaben der 12 EG-Staaten.

Information

Folgende Stellen in der Bundesrepublik Deutschland geben über die →Europäische Gemeinschaft (EG) und den →Binnenmarkt 1992 Auskunft:

Presse- und Informationsamt der Bundesregierung
Welckerstraße 11
5300 Bonn 1

Bundeszentrale für politische Bildung
Berliner Freiheit 7
5300 Bonn 1

Europäisches Parlament
Informationsbüro Bonn
Bundeskanzlerplatz
5300 Bonn 1

Kommission der Europäischen Gemeinschaften
Vertretung in der Bundesrepublik Deutschland
Zitelmannstraße 22
5300 Bonn 1

Bundesministerium für Wirtschaft
Informations-Service
Euro-Telefon '92: 0130 85-19 92 (zum Ortstarif)

Hier steht jeden Freitag von 9–16 Uhr ein spezieller EG-Bürgerberater zur Verfügung. Außerdem sind hier die Adressen der 27 Euroschalter für Informationen über den Binnenmarkt für kleine und mittlere Unternehmen erhältlich.

Innerdeutscher Handel und Europäische Gemeinschaft

Bei Gründung der →Europäischen Gemeinschaften (EG) stand die Bundesrepublik Deutschland vor der Aufgabe, die im Rahmen der EG angestrebte →Zollunion in Einklang zu bringen mit dem Gebot der Präambel des Grundgesetzes, die nationale und staatliche Einheit zu wahren. Für den innerdeutschen Handel wurde die Lösung darin gefunden, daß er als deutscher Binnenhandel betrachtet und von der Anwendung des EWG-Vertrages (→Römi-

sche Verträge) freigestellt wurde. Diese Freistellung ist in einem Zusatz zum EWG-Vertrag geregelt. Sie hat nicht zur Folge, daß die Deutsche Demokratische Republik (DDR) als Teil der EG anzusehen ist, sondern nur, daß die Lieferung von Waren aus der DDR in die Bundesrepublik Deutschland nicht als Einfuhr aus einem Drittland gilt.
Damit nimmt der innerdeutsche Handel innerhalb der EG seit jeher eine Sonderstellung ein. Er ist zoll- und abschöpfungsfrei, mehrwertsteuerbegünstigt und wird von der Bundesrepublik Deutschland nicht als Außenhandel be-

Nach 28 Jahren Abriegelung öffnete die DDR am 9. November 1989 die innerdeutschen Grenzen. Bewohner aus beiden Teilen Berlins feierten gemeinsam vor dem Brandenburger Tor.

wertet. Dieser Sonderstatus der DDR ist auch durch den sog. Grundlagenvertrag zwischen der Bundesrepublik Deutschland und der DDR von 1972 nicht berührt worden. Andere EG-Mitgliedstaaten können aufgrund einer Schutzklausel Schutzmaßnahmen ergreifen, wenn sie aus dem innerdeutschen Handel Schäden für ihre Wirtschaft befürchten. Solche Schutzmaßnahmen sind nur erlaubt zur Abwehr konkreter Gefährdungen oder Störungen der Volkswirtschaft oder einzelner Wirtschaftszweige in anderen Mitgliedstaaten. Sie dürfen nicht so weit gehen wie das von den →Beneluxländern und Frankreich geschaffene generelle Lizenzsystem für Waren des innerdeutschen Handels, die in ihre Länder eingeführt werden. Ein solches System läuft nach einem Urteil des →Europäischen Gerichtshofs (EuGH) vom 21. September 1989 auf ein Importverbot hinaus und verstößt gegen das Prinzip der Verhältnismäßigkeit.

Integration

In der Sprache des europäischen Einigungswerks wird mit Integration der Zusammenschluß souveräner europäischer Staaten in der →Europäischen Gemeinschaft (EG) umschrieben. In diesem Sinne ist die Integration der EG-Mitgliedstaaten eine bisher einmalige Form eines Zusammenschlusses von Staaten, bei der nationale Hoheitsrechte aufgegeben oder eingeschränkt und auf neu geschaffene,

überstaatliche (→supranationale) Institutionen (→Organe der EG) übertragen werden. Dabei impliziert der Begriff Integration zwar das Ziel, nicht aber die zwingende Konsequenz, daß die betroffenen Staaten ihre Souveränität ganz verlieren, sich auflösen oder gemeinsam eine größere staatliche Einheit bilden.
Häufig wird der Integration die Kooperation, die völkerrechtlich vereinbarte Zusammenarbeit souveräner Staaten, gegenübergestellt.

JESSI

JESSI (= *J*oint *E*uropean *S*ubmicron *Si*licon) ist ein europäisches Projekt in der Mikroelektronik. An JESSI beteiligen sich Frankreich, Großbritannien, Italien, die Niederlande und die Bundesrepublik Deutschland. Ziel von JESSI ist es, bis 1996 einen 64 Megabit-Chip herzustellen, d.h. ein Silicon-Plättchen, das in der Lage ist, 64 Millionen Informationen zu speichern. Das Forschungsprojekt kostet ca. 7,8 Milliarden DM. Träger von JESSI sind verschiedene Forschungseinrichtungen, Institute und Wirtschaftsunternehmen. (→Forschung)

Jugendaustausch

Die →Europäische Gemeinschaft (EG) fördert mit zur Zeit vier verschiedenen Programmen den Austausch von Jugendlichen in den Ländern der Gemeinschaft:

Jugend für Europa (YES)

YES ermöglicht es Jugendlichen zwischen 15 und 25 Jahren, im Austausch in einer Gruppe mindestens eine Woche in einem Land der EG zu verbringen, um Wirtschaft und Kultur eines Landes kennenzulernen.

Austausch für junge Arbeitnehmer

Dieses Programm ermöglicht jungen Arbeitnehmern zwischen 18 und 28 Jahren, die ihre Lehre abgeschlossen haben, ein Betriebspraktikum bis zu maximal 16 Monaten in einem anderen EG-Land.

Erasmus

Mit Erasmus (European Community Action Scheme for the Mobility of University Students) fördert die EG die Mobilität von Studenten und Dozenten sowie die Zusammenarbeit der europäischen Hochschulen. Erasmus ist seit 1. Juli 1987 in Kraft und wurde für die ersten Jahre bis 1990 mit ca. 170 Millionen DM ausgestattet. Es soll mit Stipendien die rund 6 Millionen Hochschulstudenten der EG motivieren, einen Teil ihres Studiums an einer Universität eines anderen EG-Mitgliedstaates zu absolvieren. Bisher liegt der Anteil der Studenten, die in einem anderen EG-Land studieren, weit unter 1%.

Comett

Comett (Community Action Programme in Education and Training for Technologies) ist das Aktionsprogramm der EG zur Aus- und Weiterbildung im Bereich der neuen Technologien. Comett ist seit 1987 in Kraft und läuft bis 1994. Durch Comett soll die Zusammenarbeit zwischen Hochschule und Industrie durch Ausbildungspartnerschaften, grenzüberschreitende Betriebspraktika und Stipendien für Führungskräfte der Wirtschaft und Hochschullehrern gefördert werden.

Kabotage

Kabotage ist ein Begriff aus der europäischen →Verkehrspolitik. Er bezeichnet die Zulassung von Verkehrsunternehmern (Spediteuren u. a.) zum Güterkraftverkehr innerhalb eines Staates, in dem sie nicht ansässig sind.
Innerhalb der →Europäischen Gemeinschaft (EG) ist die Kabotage bisher verboten. Der →Ministerrat der EG hat am 4./5. Dezember 1989 eine Verordnung (→Europäisches Gemeinschaftsrecht) beschlossen, die die Bedingungen für

die Zulassung von Verkehrsunternehmen zum Güterkraftverkehr innerhalb eines EG-Mitgliedstaates, in dem sie nicht ansässig sind, festlegt. Die Verordnung tritt am 1. Juli 1990 in Kraft. Damit wird innerhalb der EG die Kabotage unter bestimmten Voraussetzungen erstmals zugelassen. Ausgegeben wird zunächst ein begrenztes → Kontingent von 15 000 Transportgenehmigungen für den Güterkraftverkehr in der gesamten EG. Sie gelten jeweils für zwei Monate. Das Kontingent der Bundesrepublik Deutschland beträgt 2 073 Genehmigungen (Niederlande 1 800, Frankreich und Italien je 1 700, Spanien 1 300).

Kapitalverkehr

Der →Binnenmarkt 1992 soll innerhalb der →Europäischen Gemeinschaft (EG) den freien Verkehr von Personen, Waren, Dienstleistungen und Kapital ermöglichen. Um die noch bestehenden Schranken und Kontrollen im Kapitalverkehr schrittweise zu beseitigen, hat der →Ministerrat der EG im Juni 1988 die völlige →Liberalisierung des Geld- und Kapitalverkehrs beschlossen. Danach sollen bis spätestens Mitte 1990 die letzten Devisenbeschränkungen in der EG aufgehoben sein. Für Irland, Spanien, Portugal und Griechenland sind hierbei besondere Übergangsfristen bis 1992 festgelegt worden. Für Griechenland und Portugal besteht sogar die Möglichkeit, die vollständige Liberalisierung bis 1995 aufzuschieben.

Der freie Kapitalverkehr betrifft u. a.

- **die Kreditinstitute:** Durch gegenseitige Anerkennung nationaler Zulassungen sollen alle Kreditinstitute Niederlassungen in den anderen EG-Mitgliedstaaten errichten können. Außerdem dürfen sie innerhalb der EG ihre Dienstleistungen anbieten, ohne hierfür eigene Zweigstellen oder Niederlassungen gründen zu müssen. Die Kontrolle übt das Land aus, in dem das jeweilige Kreditinstitut seinen Sitz hat. Hierdurch wird das Bankaufsichtsrecht der EG-Mitgliedstaaten angeglichen (→Harmonisierung).
- **Wertpapiere:** Ziel der Harmonisierung ist es, einen gemeinsamen Markt für Wertpapiere zu schaffen. Dazu müssen der Mindeststandard an vorgeschriebenen Informationen für den Anleger vereinheitlicht und der Zulassungsprospekt des Unternehmens für die Börse in allen Mitgliedstaaten anerkannt werden. Hierzu hat der Rat bisher verschiedene Richtlinien (→europäisches Gemeinschaftsrecht) verabschiedet, z. B.

  – zur gegenseitigen Anerkennung der Börsenzulassungsprospekte bei amtlicher Notierung,
  – zu den Anlagevorschriften für Investmentfonds,
  – zur Veröffentlichungspflicht anläßlich des Erwerbs und der Veräußerung einer größeren Beteiligung an einer börsenorientierten Gesellschaft sowie
  – eine Verkaufsprospekt-Richtlinie für Wertpapiere.

Kommission der Europäischen Gemeinschaft

Die Kommission in Brüssel ist ein überstaatliches (→supranational) Organ der →Europäischen Gemeinschaft (EG). Sie besteht aus 17 Kommissaren, die von den nationalen Regierungen für vier Jahre ernannt werden, aber nicht an die Weisungen ihrer Regierungen gebunden sind. Die Bundesrepublik Deutschland, Frankreich, Großbritannien, Spanien und Italien entsenden je zwei Kommissare, die übrigen Mitgliedstaaten je einen Kommissar nach Brüssel. Präsident der Kommission ist zur Zeit der Franzose Jacques Delors.
Die Kommission ist völlig unabhängig und allein dem Fortschritt eines geeinten Europas verpflichtet. Lediglich das →Europäische Parlament hat das Recht, der Kommission sein Mißtrauen auszusprechen und sie zum Rücktritt zu zwingen.
Die Kommission übernimmt folgende wichtige Aufgaben:

1. Die Kommisssion ergreift die Initiative

Sie hat das Initiativrecht, d. h., im Gesetzgebungsverfahren hat allein die Kommission das Recht, Gesetzesentwürfe einzubringen und dem →Ministerrat der EG vorzuschlagen. Der EG-Ministerrat kann nur auf Vorschlag der Kommission hin Beschlüsse fassen. Deshalb gilt sie als ›Motor‹ der Gemeinschaft.

Auf Einladung von Bundeskanzler Helmut Kohl traf sich am 1./2. April 1987 die Kommission der EG mit ihrem Präsidenten Jacques Delors (vorn) in Bonn.

2. *Die Kommission führt die EG-Gesetze aus*

Sie ist das Exekutivorgan (ausführende Organ) der Gemeinschaft, d.h., sie hat das Recht, die EG-Gesetze nach Beschluß durch den EG-Ministerrat auszuführen und durchzusetzen. Die →Einheitliche Europäische Akte vom 3. Dezember 1985 hat die Durchführungsbefugnisse der Kommission erheblich erweitert.

3. Die Kommission verwaltet den EG-Haushalt

Sie stellt den Vorentwurf des →Haushalts der EG auf und ist an den Beratungen bis zur Verabschiedung des Haushaltes beteiligt. Die Verwaltung der Finanzmittel obliegt der Kommission.

4. Die Kommission verwaltet die EG-Fonds

Sie verwaltet die vier verschiedenen Fonds der EG: den →Europäischen Ausrichtungs- und Garantiefonds für die Landwirtschaft (EAGFL, »Agrarfonds«), den →Europäischen Fonds für regionale Entwicklung (EFRE, »Regionalfonds«), den →Europäischen Entwicklungsfonds (EEF) und den →Europäischen Sozialfonds (ESF).

5. Die Kommission kontrolliert die Verträge

Sie hat das Recht, die →Römischen Verträge und die Einhaltung des EG-Rechts zu kontrollieren. Sie ist die ›Hüterin‹ der Verträge. Falls ein EG-Staat gegen die EG-Verträge verstößt, hat die Kommission das Recht und die Pflicht, einzuschreiten und notfalls gegen den betreffenden EG-Staat beim →Europäischen Gerichtshof Klage zu erheben.

Außerdem ist die Kommission seit Inkrafttreten der Einheitlichen Europäischen Akte (EEA) an der →Europäischen Politischen Zusammenarbeit (EPZ), der gemeinsamen europäischen Außenpolitik, beteiligt.

Die Mitglieder der EG-Kommission

Kommissionspräsident: Jacques Delors

Kommissare:	**Zuständigkeitsbereich:**
Frans H. J. J. Andriessen (Niederlande)	Außenbeziehungen, Handelspolitik, Zusammenarbeit mit anderen europäischen Staaten
Henning Christophersen (Dänemark)	Wirtschaft, Finanzen, Koordination der Strukturfonds, Statistisches Amt
Manuel Marin (Spanien)	Entwicklungspolitik, Fischerei
Filippo Maria Pandolfi (Italien)	Wissenschaft, Forschung, Entwicklung, Telekommunikation, Informationsindustrie, Innovation, Gemeinsame Forschungsstelle

Dr. Martin Bangemann (Bundesrepublik Deutschland)	Binnenmarkt, Industrie, Beziehungen zum Europäischen Parlament
Leon Brittan (Großbritannien)	Wettbewerbspolitik, Finanzinstitutionen
Carlo Ripa di Meana (Italien)	Umwelt, Nuklearsicherheit, Zivilschutz
António Cardoso e Cunha (Portugal)	Personalfragen, Verwaltung, Übersetzerdienst, Energie und Euratom, Klein- und Mittelbetriebe, Handwerk, Handel, Tourismus
Abel Matutes (Spanien)	Mittelmeerländer, Beziehungen zu Südamerika, Nord-Süd-Beziehungen
Peter M. Schmidhuber (Bundesrepublik Deutschland)	Haushalt, Finanzkontrolle
Christiane Scrivener (Frankreich)	Steuern, Zollunion
Bruce Millan (Großbritannien)	Regionalpolitik

Jean Dondelinger (Belgien)	Audiovisuelle Fragen, Kultur, Information, Kommunikation, »Europa der Bürger«, Amt für Veröffentlichungen
Rac Macsharry (Irland)	Landwirtschaft, Ländliche Entwicklung
Karl van Mieri (Belgien)	Verkehr, Kredite und Investitionen, Verbraucherschutz
Vasso Papandreou (Griechenland)	Beschäftigung, Soziale Angelegenheiten, Beziehungen zwischen den Tarifpartnern, Erziehung, Ausbildung

Kontingente

Kontingente sind zwischenstaatlich oder von einzelnen Staaten festgesetzte Wert- oder Mengengrenzen für die Einfuhr oder Ausfuhr von Waren. In der →Verkehrspolitik spielen Kontingente eine Rolle bei der Vergabe von Genehmigungen (Konzessionen) für die Teilnahme am gewerblichen Güterkraftverkehr.

KSZE

Die *K*onferenz über *S*icherheit und *Z*usammenarbeit in *E*uropa (KSZE) endete nach zweijähriger Beratung am 1. August 1975 mit der Unterzeichnung der →Schlußakte von Helsinki. Die KSZE-Schlußakte wurde von 35 ost- und westeuropäischen (außer Albanien) Staaten, den USA und Kanada unterzeichnet. Sie enthält Programme zur Verbesserung der politischen, wirtschaftlichen, kulturellen und humanitären Beziehungen sowie Vereinbarungen über vertrauensbildende Maßnahmen im militärischen Bereich. Ziel der KSZE ist die Schaffung einer europäischen Friedensordnung.

Zur Verwirklichung des umfassenden KSZE-Programms finden sog. KSZE-Folgetreffen statt. Das erste Folgetreffen war 1977/78 in Belgrad. Das zweite Folgetreffen fand mit Unterbrechungen von 1980–1983 in Madrid statt. Hier einigte man sich u.a. darauf, eine »Konferenz über Vertrauens- und Sicherheitsbildende Maßnahmen« (KVAE) durchzuführen. Diese KVAE tagte von 1984 bis 1986 in Stockholm. Das dritte Folgetreffen fand von November 1986 bis Januar 1989 in Wien statt. Es sieht eine stärkere Zusammenarbeit in Handel, Industrie, Umweltschutz, Kultur und Information vor. Das Schlußdokument des dritten KSZE-Folgetreffens enthält außerdem weitreichende Bestimmungen über den Schutz und die Verwirklichung der →Menschenrechte.

Zwischen den Folgetreffen gibt es verschiedene Expertentreffen und Sonderveranstaltungen.

So gab es Expertentreffen über

- Friedliche Streitschlichtung (Montreux 1978, Athen 1984),
- Kooperation im Mittelmeer (La Valletta 1979, Venedig 1984),
- Menschenrechte und Grundfreiheiten (Ottawa 1985),
- Menschliche Kontakte (Bern 1986)

sowie das Wissenschaftliche Forum (Hamburg 1980), das Kulturforum (Budapest 1985) und die Umweltkonferenz Sofia (1989).

Die Wirtschaft spielte im KSZE-Prozeß bisher keine Rolle. Inzwischen ist aber allen 35 Teilnehmerstaaten klargeworden, daß die Umgestaltungen in Osteuropa veränderte Wirtschaftsstrukturen erfordern. Mit der Konferenz über wirtschaftliche Zusammenarbeit in Europa wurde vom 19. März bis 11. April 1990 die erste große Wirtschaftstagung der KSZE einberufen mit dem Ziel, wirtschaftliche Weichen für den Aufbruch Osteuropas zu stellen.

Kulturpolitik, europäische

Nach dem Zweiten Weltkrieg diente die Kulturpolitik in erster Linie der Völkerverständigung.

Europarat

Als erste größere europäische Institution befaßte sich der 1949 gegründete →Europarat mit kulturellen Aufgaben. Er verabschiedete 1954 eine Europäische Kulturkonvention, die die Grundlagen für die kulturelle Zusammenarbeit und den gegenseitigen Kulturaustausch der Mitgliedstaaten regelte. 1962 wurde der Rat für kulturelle Zusammenarbeit geschaffen. Er organisiert regelmäßige Konferenzen der europäischen Kultusminister und führt selbst eigene kulturelle Aktivitäten durch.

Kulturstiftungen

● **Europäische Kulturstiftung:** Auf private Initiative hin entstand 1954 die Europäische Kulturstiftung in Amsterdam. Sie wird hauptsächlich durch Projektbeiträge europäischer Länder, der →Kommission der EG und der niederländischen Regierung finanziert. Die europäische Kulturstiftung unterhält in 14 europäischen Ländern Nationalkomitees sowie eigene Forschungsinstitute zu kultur-, bildungs- und sozialpolitischen Fragen.

● **Europäische Stiftung:** 1975 schlug der belgische Premierminister Leo Tindemans in seinem Bericht zur Schaffung der →Europäischen Union (→Tindemans-Bericht) die Gründung einer Kulturstiftung der →Europäischen Gemeinschaft (EG) vor. Der Stiftungsvertrag wurde 1982 unterzeichnet. Als Sitz der Stiftung ist Paris vorgesehen. Sie soll in Zusammenarbeit mit anderen bestehenden europäischen Organisationen helfen, die Völkerverständigung zu fördern und das europäische Kulturerbe zu bewahren.

Kulturpolitik der Europäischen Gemeinschaft (EG)

Die →Römischen Verträge zur Gründung der EG sehen keine spezielle gemeinsame europäische Kulturpolitik vor. Dennoch gibt es seit 1977 erste gemeinsame kulturelle Aktionen der EG-Mitgliedstaaten. So geht z.B. die Einrichtung der »Europäischen Kulturstadt« auf eine Initiative der EG zurück. Europäische Kulturstädte waren 1985 Athen, 1986 Florenz, 1987 Amsterdam, 1988 Berlin und 1989 Paris. 1990 ist es Glasgow.

Das Kulturprogramm der EG-Kommission

Für 1988–1992 hat die EG-Kommission ein neues kulturpolitisches Rahmenprogramm vorgelegt. In folgenden fünf Bereichen schlägt die EG-Kommission eine verstärkte Zusammenarbeit der EG-Mitgliedstaaten vor:

1. **Schaffung eines europäischen Kulturraums:** Hier geht es hauptsächlich um
- den freien Verkehr von Kulturgütern und kulturellen Dienstleistungen,
- die Verbesserung der Lebens- und Arbeitsbedingungen der Kulturschaffenden,
- die Schaffung neuer Arbeitsplätze und einer weltweit wettbewerbsfähigen europäischen Kulturindustrie,
- die Erarbeitung kultureller Statistiken und informativer Vernetzung,
- die Förderung von Mäzenatentum und Sponsoring klei-

ner und mittlerer Betriebe im kulturellen Bereich,
- eine gemeinsame Verlagspolitik zu Fragen der Buchpreise, Autoren- und Verlegerrechte sowie um die Zusammenarbeit im Bibliothekswesen.

2. Förderung der audiovisuellen Industrie: Ziel einer gemeinsamen Medienpolitik ist es, die Wettbewerbsfähigkeit von →Film und Fernsehen gegenüber den USA und Japan zu erhöhen. Hier geht es um Verbesserungen im Filmverleih, in der Produktion und bei der Finanzierung von Filmen.

3. Zugang zu den kulturellen Ressourcen: Hier handelt es sich darum, das gemeinsame europäische Kulturerbe der Öffentlichkeit zugänglich zu machen. Deshalb sollen
- die Sprachkenntnisse durch Sprachunterricht und Sprachreisen verbessert werden,
- junge Künstler und regionale Kulturaktivitäten besonders gefördert werden. So unterstützt die EG z. B. das Jugendorchester der Europäischen Gemeinschaft.
- Baudenkmäler durch Restaurierungshilfen geschützt werden.

4. Kulturelle Aus- und Weiterbildung: Die Berufe im kulturellen Bereich (Journalismus, Bild- und Tontechnik, Restauration, Übersetzungswesen) sollen durch Stipendien, Fortbildungskurse und gemeinsamen Austausch weiterentwickelt werden.

5. Kultureller Dialog mit der übrigen Welt: Der Kulturaustausch mit Ländern außerhalb der EG soll stärker unterstützt werden. Dies gilt besonders für die derzeit 68

→AKP-Länder im afrikanischen, karibischen und pazifischen Raum, mit denen die EG im Rahmen der Entwicklungshilfe auf der Grundlage des →Lomé-Abkommens auch die kulturelle Zusammenarbeit vereinbart hat.

Neben der gemeinsamen Kulturpolitik auf EG-Ebene leisten die zwischenstaatlichen Kulturabkommen einen wichtigen Beitrag zu den kulturellen Beziehungen der Länder Europas. Sie ermöglichen die gegenseitige Eröffnung von Kulturinstituten im Partnerland. Eine Besonderheit bilden die engen deutsch-französischen Beziehungen (→Deutsch-Französischer Vertrag), die 1963 zur Errichtung des Deutsch-Französischen Jugendwerkes und 1988 eines gemeinsamen Kulturrates geführt haben. Für 1991 ist ein gemeinsamer deutsch-französischer Kulturkanal geplant.

Ladenschlußzeiten

Seit Oktober 1989 dürfen die Einzelhändler in der Bundesrepublik Deutschland ihre Läden einmal in der Woche – jeweils am Donnerstag – bis 20.30 Uhr offen halten. Einen solchen ›langen Abend‹ gibt es für die Verbraucher in vielen anderen Ländern Europas schon seit langem. Einige Länder verzichten sogar völlig auf gesetzlich geregelte Ladenöffnungszeiten. So bleibt es in Frankreich, Schweden und Spanien den Geschäftsleuten oder den Tarifpartnern überlassen, wie sie sich die Verkaufswoche einteilen. Auch in Österreich, das bisher ähnlich strenge Ladenschluß-

Ladenschlußzeiten in Europa

keine Begrenzung	Frankreich Schweden Spanien	
17.00 Uhr	Irland	Donnerstag bis 21.00 Uhr
17.30 Uhr	Dänemark	+ 6 Stunden pro Woche
18.00 Uhr	Niederlande	Donnerstag oder Freitag bis 21.00 Uhr
18.00–18.30 Uhr	Österreich	19.00 oder 19.30 Uhr in Ausnahmefällen
18.30 Uhr	Bundesrepublik Deutschland	Donnerstag bis 20.30 Uhr
18.30–19.00 Uhr	Schweiz	1–2mal pro Woche bis 21.00 oder 22.00 Uhr
20.00 Uhr 18.00 Uhr im Winter	Großbritannien	ein Abend pro Woche bis 21.00 Uhr (im Winter bis 19.30 Uhr)
20.00 Uhr	Norwegen	Abendverkauf wird von den Gemeinden geregelt
20.00 Uhr	Belgien	Freitag bis 21.00 Uhr
20.00 Uhr	Italien	regional unterschiedlich bis 22.00 Uhr
24.00 Uhr	Portugal	regional unterschiedliche Einzelbestimmungen

Regelungen hatte wie die Bundesrepublik Deutschland, wurde mit Wirkung vom 1. Dezember 1989 der Teil des Ladenschlußgesetzes aufgehoben, der die sogenannte Abendsperre regelte.

Liberalisierung

Durch eine Liberalisierung werden vorhandene nationale Beschränkungen im grenzüberschreitenden Waren-, Kapital-, Dienstleistungs- oder Personenverkehr beseitigt. Ziel sind der freie Wettbewerb und der Abbau jeglicher →Handelshemmnisse.

Die Liberalisierung ist Ziel verschiedener internationaler Organisationen:

- Ziel des →GATT, dem internationalen Allgemeinen Zoll- und Handelsabkommen, ist die Liberalisierung des Welthandels.
- Ziel der →OECD, der Organisation für wirtschaftliche Zusammenarbeit und Entwicklung, ist die Liberalisierung des gemeinschaftlichen Handels der OECD-Mitgliedstaaten.
- Ziel des Internationalen Währungsfonds ist die Liberalisierung des internationalen Zahlungs- und Kapitalverkehrs.
- Ziel der → Europäischen Gemeinschaft (EG) ist die vollständige Beseitigung aller Handelshemmnisse im Waren-, Dienstleistungs-, Kapital- und Personenverkehr innerhalb der 12 EG-Mitgliedstaaten durch die Errichtung des gemeinsamen →Binnenmarktes bis zum 31. Dezember 1992.

Lomé-Abkommen

Die Lomé-Abkommen bilden das Kernstück gemeinsamer Entwicklungshilfe der →Europäischen Gemeinschaft (EG). Die Abkommen zwischen der EG und den Vertragsstaaten aus Afrika, der Karibik und des Pazifik (→AKP-Staaten) wurden nach dem Ort des ersten Vertragsabschlusses 1975, der Hauptstadt Togos, Lomé, benannt. Durch den Beitritt der Dominikanischen Republik und Haitis sind heute 68 Länder in das Abkommen einbezogen und damit der EG assoziiert (→Assoziierung). Für Namibia besteht die Möglichkeit, dem Abkommen als 69. AKP-Staat beizutreten, sobald es seine Unabhängigkeit erlangt.

Arbeitsweise

Oberstes Beschlußorgan des Abkommens ist der gemeinsame Ministerrat, der von einem Botschafterausschuß unterstützt wird. Die Lomé-Abkommen wurden bisher alle fünf Jahre erneuert. Das dritte Abkommen, Lomé III, war mit ca. 18 Milliarden DM ausgestattet. Das vierte Lomé-Abkommen ist am 15. Dezember 1989 in Lomé unterzeichnet worden. Sein Finanzvolumen beträgt rund 24 Milliarden DM. Erstmals ist hier die Laufzeit auf zehn Jahre verlängert worden. Lomé IV wird nach Abschluß der Ratifizierungsverfahren in Kraft treten und tritt an die Stelle des am 28. Februar 1990 auslaufenden dritten Lomé-Abkommens.

Lomé IV: Ziel und Inhalt

Die Lomé-Abkommen dienen der Zusammenarbeit zur Entwicklung der Industrie und Landwirtschaft der Entwicklungsländer. Es ist das größte und qualitativ wichtigste Nord-Süd-Vertragswerk. Durch das Abkommen erhalten diese 68 Länder vor allem Handelsvorteile, um ihre Waren in die EG exportieren zu können. Rund 99,5 % aller Erzeugnisse aus den AKP-Staaten können zollfrei in die Gemeinschaft eingeführt werden. Im Gegenzug sind die AKP-Länder jedoch nicht verpflichtet, Waren aus der EG die gleiche Zollfreiheit zu gewähren.
Lomé IV umfaßt finanzielle und technische Zusammenarbeit, um besonders die Landwirtschaft und die ländlichen Gebiete zu fördern, Bestimmungen zur Zusammenarbeit im kulturellen Bereich, die Förderung privater Investitionen sowie erstmals die Verknüpfung von Entwicklungshilfe und Umweltschutz. Besondere Aktionen sollen den Schutz der tropischen Regenwälder garantieren.

Das Stabex-System

Bisher einmalig auf der Welt ist das sog. Stabex-System zur *Stab*ilisierung der *Ex*porterlöse der AKP-Länder. Hierdurch erhalten diese Länder für ihre Agrarexporte, die den größten Teil der Ausfuhren der AKP-Länder ausmachen, einen garantierten Mindestpreis.
Der Mechanismus: Wenn die Exporterlöse eines AKP-Staates aufgrund von Preisschwankungen auf dem Weltmarkt unter eine bestimmte Garantieschwelle sinken, hilft die EG mit einem zinsgünstigen Überbrückungskredit aus

dem → Europäischen Entwicklungsfonds. Die ärmsten Länder erhalten diese Hilfe jedoch als nicht zurückzahlbaren Zuschuß. Neu in Lomé IV: Für insgesamt 48 Agrarprodukte müssen diese Ausgleichszahlungen von allen AKP-Ländern nicht mehr zurückgezahlt werden.
Ähnlich funktioniert das Sysmin-System für den Bergbau. Lomé IV hat die Exportstabilisierung auch auf Gold und Uranerz ausgedehnt.

Luxemburger Kompromiß

Gemäß den Bestimmungen der →Römischen Verträge von 1957 mußten im → Ministerrat der Europäischen Wirtschaftsgemeinschaft (EWG) fast sämtliche Beschlüsse einstimmig gefaßt werden. Nach 1965 sollte der Übergang vom Prinzip der Einstimmigkeit zum Mehrheitsbeschluß erfolgen, um die europäische →Integration zu beschleunigen und nicht durch nationalstaatliche Einzelinteressen zu blockieren.
Diese Regelung wurde vom französischen Staatspräsidenten Charles de Gaulle boykottiert. Er forderte die Beibehaltung des → Vetorechtes. Vom 1. Juli 1965 an blieb Frankreich sechs Monate lang allen EG-Ratssitzungen fern und betrieb die sog. ›Politik des leeren Stuhls‹. Der Ministerrat der EG war somit nicht beschlußfähig.
Am 30. Januar 1966 kam der Luxemburger Kompromiß

zustande: Falls ein Staat aus sehr wichtigen eigenen Interessen einem Beschluß nicht zustimmt, muß eine neue Lösung gesucht werden, der alle EG-Staaten der heutigen →Europäischen Gemeinschaft (EG) im Konsens zustimmen können. In der →Einheitlichen Europäischen Akte (EEA) vom 3. Dezember 1985 wird der Luxemburger Kompromiß zwar bestätigt, doch wird die Beschlußfindung im EG-Ministerrat durch Einführung von Mehrheitsentscheidungen (→qualifizierte Mehrheit) vereinfacht, um die Bestimmungen des → Weißbuchs zur Vollendung des →Binnenmarktes 1992 zu verwirklichen.

Marshall-Plan

»Marshall-Plan« ist die populär gewordene Bezeichnung für das große staatliche Wirtschaftshilfeprogramm der USA für Europa nach dem Zweiten Weltkrieg, dem Europäischen Wiederaufbau-Programm (*E*uropean *R*ecovery *P*rogram = ERP).
Am 5. Juni 1947 bot der damalige amerikanische Außenminister George C. Marshall den europäischen Ländern die Hilfe der USA für den wirtschaftlichen Wiederaufbau Europas an. Die UdSSR wies das auch an sie gerichtete Angebot als »imperialistische Aggression« zurück und drängte die osteuropäischen Staaten, ebenfalls auf die amerikanische Hilfe zu verzichten. Daraufhin schlossen sich 16 westeuropäische Staaten zur gemeinsamen Durch-

führung des ERP in der am 16. April 1948 gegründeten Organisation für europäische wirtschaftliche Zusammenarbeit (OEEC) zusammen, die 1960 in die →OECD überging.

Finanzielle Hilfen

Neben Belgien, Dänemark, Frankreich, Griechenland, Großbritannien, Irland, Island, Italien, Luxemburg, den Niederlanden, Norwegen, Österreich, Portugal, Schweden, der Schweiz und der Türkei wurden auf Wunsch der USA auch die drei westlichen Besatzungszonen Deutschlands in die OEEC aufgenommen. Diese Staaten erhielten von 1948 bis 1952 von den USA insgesamt rund 13,37 Milliarden US-Dollar. Westdeutschland bzw. die Bundesrepublik Deutschland erhielt 1,39 Milliarden US-Dollar. Diese Marshall-Plan-Gelder wurden als Zuschüsse oder auch als langfristige Kredite vergeben. Mit diesen Mitteln konnten die ERP-Staaten aus den USA Waren und Dienstleistungen beziehen, ohne dafür Devisen aufwenden zu müssen.

Die Ziele

Mit dem Marshall-Plan verfolgten die USA von Anfang an mehrere Ziele. So u. a.

- einen abgestimmten wirtschaftlichen Wiederaufbau in Europa und eine dauerhafte Zusammenarbeit der ERP-Staaten untereinander sowie mit den USA;
- die Herstellung stabiler wirtschaftlicher Verhältnisse,

geordneter Währungsbeziehungen und die Ausweitung des Außenhandels;
- die für die USA wichtige Sicherung von Absatzmärkten und die Förderung des freien Unternehmertums.

Außerdem sollte die amerikanische Marshall-Plan-Politik dazu beitragen, durch wirtschaftliche und politische Stabilisierung sowie durch militärische Stärkung Westeuropas der Ausdehnung des Kommunismus Grenzen zu setzen.

Die Erfolge

Der Marshall-Plan leistete in der Nachkriegszeit in den meisten Teilnehmerländern einen wichtigen Beitrag zur zügigen Überwindung wirtschaftlicher Notlagen. Er stärkte den Zusammenhalt der beteiligten Staaten Westeuropas und vertiefte die partnerschaftlichen Beziehungen zwischen Westeuropa und den USA. Er trug aber auch zur Auseinanderentwicklung der östlichen und westlichen Einflußsphären bei.

Der Marshall-Plan verhalf Westdeutschland zu einem raschen wirtschaftlichen Wiederaufbau. Er erleichterte es der Bundesrepublik Deutschland, die soziale Marktwirtschaft durchzusetzen, wirtschaftliche und politische Beziehungen zum westlichen Ausland aufzubauen und die → Westintegration zu verwirklichen.

MdEP

Offizielle Abkürzung für die *M*itglieder *d*es *E*uropäischen *P*arlaments. Im →Europäischen Parlament (EP) vertreten 518 Abgeordnete aus allen 12 Staaten der →Europäischen Gemeinschaft (EG) rund 320 Millionen EG-Bürger. Ein MdEP aus der Bundesrepublik Deutschland repräsentiert im Durchschnitt 750000 Bürger. Seit 1979 werden die Mitglieder des Europäischen Parlaments alle fünf Jahre neu gewählt (→Wahlen zum Europäischen Parlament).
In der ersten Wahlperiode (1979–1984) übten viele europäische Abgeordnete ein Doppelmandat aus. Sie waren europäische Abgeordnete und nationale Parlamentsmitglieder zugleich. Heute ist das Doppelmandat aufgrund der gestiegenen Arbeitsbelastung der MdEP und der gestiegenen Bedeutung des EP eine Ausnahme. Am 7. Juli 1988 hat das EP die Mitgliedstaaten aufgefordert, künftig das Doppelmandat zu verbieten.

Menschenrechte

Neben den internationalen Bemühungen der Vereinten Nationen befassen sich in Europa die →KSZE (Konferenz für Sicherheit und Zusammenarbeit in Europa) und der →Europarat mit der Wahrung der Menschenrechte.

Das Schlußdokument des dritten KSZE-Folgetreffens in Wien vom 15. Januar 1989 enthält umfassende Vereinbarungen über den Schutz und die Verwirklichung der Menschenrechte in ganz Europa. Es wurde auch von den osteuropäischen Staaten und der Sowjetunion unterzeichnet. Die Menschenrechtskonferenz der KSZE soll 1991 in Moskau stattfinden.

Der *Europarat* verfügt zum Schutz der Menschenrechte über drei wichtige Instrumente:

1. Die europäische Konvention zum Schutz der Menschenrechte und Grundfreiheiten

Am 4. November 1950 unterzeichneten die Länder des 1949 gegründeten Europarates die europäische Menschenrechtskonvention. Sie trat am 3. September 1953 in Kraft und ist inzwischen von allen 23 Mitgliedsländern des Europarates – teilweise mit Einschränkungen – unterzeichnet worden. Die Konvention orientiert sich an der »Allgemeinen Erklärung der Menschenrechte« der Vereinten Nationen (UNO) von 1948.

Im Unterschied zur UNO besitzt die europäische Konvention mit der Errichtung der Europäischen Menschenrechtskommission und dem Europäischen Gerichtshof für Menschenrechte Kontrollinstrumente. Die Konvention garantiert die wichtigsten Menschenrechte und Grundfreiheiten, u.a.

- Recht auf Leben,
- Verbot der Folter, Sklaverei und Zwangsarbeit,
- Recht auf Freiheit, Sicherheit, Rechtsstaatlichkeit,
- Achtung der Privatsphäre, Gewissens- und Religionsfreiheit,
- Recht auf Presse- und Meinungsfreiheit, Versammlungs- und Vereinigungsfreiheit,
- Recht der freien Wahl des Ehepartners,
- Recht auf Eigentumsschutz.

2. Die europäische Kommission für Menschenrechte

Die Menschenrechtskommission wurde 1954 gegründet und ist die erste zentrale Instanz im Beschwerdeverfahren gegen Verletzungen der Menschenrechte. Jedes Land des Europarates ist durch ein Mitglied in der Kommission vertreten. Die Mitglieder werden von der Parlamentarischen Versammlung und dem Ministerkomitee des Europarates für sechs Jahre gewählt. Fünfmal im Jahr finden die vierzehntägigen Plenarsitzungen der Kommission in Straßburg unter Ausschluß der Öffentlichkeit statt.

Aufgabe der Kommission: Sie prüft die Beschwerden auf ihre Zulässigkeit, vermittelt im Rechtsstreit und entscheidet, ob eine Verletzung der Menschenrechte dem Ministerkomitee oder dem Europäischen Gerichtshof für Menschenrechte zur Entscheidung vorgelegt wird.

3. Der Europäische Gerichtshof zum Schutze der Menschenrechte

Der Gerichtshof wurde 1959 eingesetzt. Jedes Land des Europarates ist durch einen Richter am Gerichtshof vertreten. Die Richter werden von ihrem jeweiligen Land vorgeschlagen und von der Parlamentarischen Versammlung des Europarates für neun Jahre gewählt. Der Gerichtshof kann nicht von Einzelpersonen angerufen werden. Er handelt nur auf Initiative der europäischen Kommission für Menschenrechte.

Aufgabe des Gerichtshofs: Er entscheidet, ob durch einen Mitgliedstaat eine Verletzung der europäischen Konvention der Menschenrechte vorliegt und verurteilt gegebenenfalls den angeklagten Staat zur Entschädigung. Bis auf Malta und die Türkei haben alle Vertragsstaaten die Entscheidungskompetenz des Gerichtshofs anerkannt.

Ministerrat der Europäischen Gemeinschaft

Der Ministerrat der → Europäischen Gemeinschaft (EG) vereinigt die Fachminister der Regierungen der 12 Mitgliedstaaten. Jede Regierung entsendet ein Mitglied. Die Zusammensetzung des Ministerrats kann sich je nach dem Sachgebiet ändern. So gibt es den Rat der Außenminister, der Umweltminister, der Wirtschaftsminister usw. Der

Ministerrat tagt in Brüssel und Luxemburg, je nach den anstehenden Themen fast wöchentlich. Die Präsidentschaft im Ministerrat wechselt mit der →EG-Präsidentschaft alle sechs Monate.
Der Ministerrat ist das legislative (gesetzgebende) Organ der Gemeinschaft. Er entscheidet über die von der →Kommission der EG eingebrachten Vorschläge. Seine Verordnungen und Richtlinien sind für alle 12 EG-Staaten gleichermaßen verbindlich (→Europäisches Gemeinschaftsrecht). Durch die →Einheitliche Europäische Akte (EEA) wurde das bisher praktizierte, unter Umständen langwierige Beschlußverfahren der Einstimmigkeit (→Luxemburger Kompromiß) beschleunigt, um die Verwirklichung des → Binnenmarktes 1992 voranzutreiben. In vielen Bereichen ersetzen jetzt Mehrheitsentscheidungen das Prinzip der Einstimmigkeit (→qualifizierte Mehrheit). Jedoch ist Einstimmigkeit im Ministerrat weiterhin erforderlich bei einer Änderung der Berufsordnung und der →Rechtsangleichung (Harmonisierung) der Steuersätze.
Vom Ministerrat der EG zu unterscheiden ist der →Europäische Rat, das mindestens zweimal im Jahr stattfindende Treffen der Staats- und Regierungschefs der EG-Mitgliedstaaten. Der Europäische Rat erörtert Grundsatzfragen der europäischen Politik.

Nationale Europakonferenz

Auf Einladung von Bundeskanzler Helmut Kohl trafen erstmals am 6. Dezember 1988 Vertreter aus Industrie, Handel, Verbandswesen und Gewerkschaften zu einer Nationalen Europakonferenz in Bonn zusammen. Ziel der Konferenz war die gemeinsame Beratung der aktuellen europäischen Entwicklung im Vorfeld des europäischen → Binnenmarktes, der bis zum 31. Dezember 1992 verwirklicht werden soll.

Auf dieser Konferenz ist man übereingekommen, sich in regelmäßigen Abständen zu treffen, um die Gesellschaft in der Bundesrepublik Deutschland auf die grundlegenden Veränderungen vorzubereiten, die die Vollendung des Binnenmarktes mit sich bringen wird.

Die zweite Nationale Europakonferenz fand am 30. August 1989 statt. Im Mittelpunkt der Beratungen standen Fragen der → Sozialpolitik innerhalb der → Europäischen Gemeinschaft (EG). Erörtert wurden u.a. die Bedeutung künftiger sozialer Grundrechte in der EG (Sozialcharta), die Notwendigkeit einer → Rechtsangleichung (Harmonisierung) von Arbeitsschutzvorschriften, Fragen der betrieblichen Mitbestimmung und der Bildungspolitik (→ Diplome, → Jugendaustausch).

NATO

Die NATO (*N*orth *A*tlantic *T*reaty *O*rganization) wurde am 24. August 1949 durch Ratifizierung des Nordatlantikvertrages vom 4. April 1949 gegründet.

Mitglieder

Der NATO gehören heute folgende 16 Staaten an: Belgien, die Bundesrepublik Deutschland (seit 6. Mai 1955), Dänemark, Griechenland (seit 1952), Großbritannien, Island, Italien, Kanada, Luxemburg, die Niederlande, Norwegen, Portugal, Spanien (seit 1982), die Türkei (seit 1952) und die USA.

Frankreich, das 1966 mit dem Aufbau einer eigenen unabhängigen Nuklearstreitmacht begann, zog sich daraufhin aus der militärischen Integration der Allianz zurück. In der politischen Organisation der NATO arbeitet Frankreich jedoch weiterhin mit. Die spanischen Streitkräfte sind bisher nicht in das Bündnis integriert.

Vertragsziele

In der Präambel zum NATO-Vertrag bringen die Partnerstaaten ihre Entschlossenheit zum Ausdruck, die Freiheit, das gemeinsame Erbe und die Zivilisation ihrer Völker, die auf den Grundsätzen der Demokratie, der Freiheit der Person und der Herrschaft des Rechts beruhen, zu gewährleisten. Im Vertrag selbst wurde u. a. vereinbart,

- einen bewaffneten Angriff gegen einen oder mehrere Partnerstaaten als Angriff gegen sie alle anzusehen,
- im Falle eines solchen bewaffneten Angriffs der oder den angegriffenen Parteien Beistand zu leisten, indem jeder Partnerstaat für sich und im Zusammenwirken mit den anderen Partnerstaaten die Maßnahmen – einschließlich der Anwendung von Waffengewalt – trifft, die er zur Erhaltung der Wiederherstellung der Sicherheit des nordatlantischen Gebietes für erforderlich hält.

Struktur und Organisation

Die NATO ist keine →supranationale, sondern eine zwischenstaatliche Organisation souveräner Mitgliedstaaten. Höchstes Gremium der Allianz ist der Nordatlantikrat.

Der Nordatlantikrat ist das politische Organ der NATO. Er besteht aus Vertretern der Regierungen der Mitgliedstaaten mit Sitz in Brüssel (bis 1967 in Paris). Der Generalsekretär der NATO (zur Zeit Manfred Wörner) ist Vorsitzender des Nordatlantikrates und des Verteidigungsausschusses. Der NATO-Rat trifft auf Botschafterebene wöchentlich, auf Ministerebene halbjährlich zusammen.
Der Militärausschuß ist die höchste militärische Instanz des Bündnisses und tagt ebenfalls in Brüssel. Er besteht aus den Generalstabschefs oder ihren Vertretern und wird von einem integrierten militärischen Stab unterstützt.

In den Organen der NATO gilt das Prinzip der Einstimmigkeit. Den Oberbefehl über das vom NATO-Vertrag umfaßte Gebiet haben

- der Oberste Befehlshaber Europa (SACEUR) mit Hauptquartier SHAPE in Casteau, Belgien,
- der Oberste Befehlshaber Atlantik (SACLANT) mit Hauptquartier in Norfolk, USA,
- der Befehlshaber Ärmelkanal (CHINCHAN) mit Hauptquartier in Northwood, Großbritannien.

Das Bündnis hat keine eigenen Streitkräfte. Alle Streitkräfte sind nationale Streitkräfte und im Frieden überwiegend nationalem Oberbefehl unterstellt. Dem NATO-Befehl unterstehen im Frieden die integrierten Stäbe der NATO-Hauptquartiere, die in ständiger Alarmbereitschaft stehen den Luftverteidigungseinheiten sowie ein Ständiger Marineverband Atlantik.

Aufgaben und Bedeutung

Die militärische Aufgabe der NATO im Frieden besteht in der Friedenssicherung durch die Ausarbeitung gemeinsamer Verteidigungspläne, durch Rüstungszusammenarbeit, Errichtung der erforderlichen Infrastruktur oder der Durchführung gemeinsamer Übungen.
Die Arbeit in den politischen Organen der NATO dient der gegenseitigen Information und Konsultation sowie der engen Abstimmung bei der Lösung politischer Probleme, die für das Bündnis oder seine Mitgliedstaaten bedeutsam sind.

Die Sicherheitspolitik des Bündnisses beruht auf einer politischen Gesamtstrategie, wie sie der Harmel-Bericht von 1967 zugrunde legt:

- das Gleichgewicht durch ausreichende militärische Stärke und politische Solidarität zu sichern;
- auf allen Gebieten durch Dialog und Zusammenarbeit das Verhältnis zwischen Ost und West zu stabilisieren.

Die Mitgliedstaaten bekennen sich zur strikten Ablehnung des Gewaltverbots. Das bedeutet: Die NATO wird ihre Waffen niemals zum Angriff nutzen, sondern lediglich als Antwort auf einen bewaffneten Angriff einsetzen. Die Strategie der flexiblen Reaktion dient dem Ziel der Kriegsverhinderung. Hierzu hat die Allianz die sog. NATO-Triade geschaffen. Sie besteht aus
- konventionellen Streitkräften,
- nuklearen Kurz- und Mittelstreckensystemen und
- interkontinentalstrategischen Nuklearsystemen.

Diese drei Elemente sollen eine angemessene Bandbreite an militärischen Mitteln gewährleisten. Sie bilden einen festen Verbund, in dem kein Element ein anderes ersetzen kann und kein Element der Triade für sich allein eine glaubhafte Abschreckung oder wirksame Verteidigung garantieren kann.

Im Rahmen der Abrüstungsverhandlungen zwischen den Mitgliedstaaten der NATO auf der einen und des →Warschauer Paktes auf der anderen Seite (→Abrüstung) werden sich Aufgaben und Charakter dieser beiden militärischen Bündnisse voraussichtlich ändern. Auf dem sich angesichts dramatischer Entwicklungen in Osteuropa abzeichnenden Weg von einer Konfrontation der Militärblöcke hin zu einer Kooperation sind die Bündnisse Garanten für Stabilität. Ihre Funktionen werden politischer werden. Sie werden entscheidende Hilfestellungen leisten bei dem Aufbau kooperativer Sicherheitsstrukturen in ganz Europa, in denen sie in einer längerfristigen Entwicklung möglicherweise aufgehen könnten.

Niederlassungsfreiheit

Der Vertrag zur Gündung der → Europäischen Wirtschaftsgemeinschaft (EWG) (→ Römische Verträge) garantiert den Arbeitnehmern und Selbständigen aller Mitgliedstaaten der heutigen → Europäischen Gemeinschaft (EG) das Recht, sich in einem anderen Mitgliedstaat der EG niederzulassen und dort ihren Beruf auszuüben.

Gebot der Inländergleichbehandlung

Diese Rechte gelten mit Ablauf einer Übergangszeit (ab 1970) unmittelbar in jedem Mitgliedstaat der EG und haben Vorrang vor möglichen entgegenstehenden nationalen Rechts- und Verwaltungsvorschriften einzelner Mitgliedsländer. Das hat der → Europäische Gerichtshof (EuGH) in mehreren Grundsatzentscheidungen bestätigt. Der EuGH hat festgestellt, daß sich alle Staatsangehörigen und juristischen Personen der EG-Mitgliedstaaten im gesamten Bereich der EG unter gleichen Bedingungen niederlassen und ihren Beruf ausüben dürfen wie ein Inländer des jeweiligen Mitgliedstaates (sog. Gebot der Inländergleichbehandlung).

Abweichungen in der Praxis

In der Praxis gelten allerdings nach wie vor in einzelnen EG-Staaten unterschiedliche Berufsregelungen und abweichende nationale Zulassungsvoraussetzungen zu bestimmten Berufen. Um diese Abweichungen vom Gleichbehandlungsgebot zu beseitigen, können EG-Richtlinien (→ Europäisches Gemeinschaftsrecht) erlassen werden. Sie gleichen die Zulassungsvoraussetzungen zu verschiedenen Berufen EG-weit an und stellen die gegenseitige Anerkennung von Diplomen, Prüfungszeiten und Befähigungsnachweisen sicher.

Bisher wurden EG-Richtlinien erlassen für
- Heil- und Heilhilfsberufe (Ärzte, Zahnärzte, Tierärzte, Krankenschwestern und -pfleger sowie Hebammen),
- Architekten,
- Apotheker,
- Rechtsanwälte,
- Verkehrsunternehmer.

Auf dem Gebiet von Industrie, Handel und Handwerk konnte eine gegenseitige Anerkennung der Befähigungsnachweise bisher nicht erreicht werden, da gerade bei bestimmten handwerklichen Tätigkeiten die jeweiligen nationalen Anforderungen für die Berufsausübung sehr unterschiedlich sind. Daher wurden zunächst Übergangsregelungen getroffen, die die Niederlassungsfreiheit zumindest erleichtern sollen. So reicht oft der Nachweis aus, daß ein bestimmter Beruf im Herkunftsland während einer Reihe von Jahren tatsächlich ausgeübt worden ist.

Nordischer Rat

1952 schlossen sich Dänemark, Island, Norwegen und Schweden zum Nordischen Rat zusammen, dem 1955 auch Finnland beitrat. Er besteht aus 78 Mitgliedern, die aus den nationalen Parlamenten der Mitgliedstaaten in den Nordischen Rat gewählt werden: Norwegen und Schweden haben je 18, Finnland 17 (+1 gewählter Vertreter des Parlaments der Åland-Inseln), Dänemark 16 (+2 gewählte Mitglieder des Parlaments der Färöer-Inseln) und Island 6 Vertreter. Der Nordische Rat tagt in der Regel einmal im Jahr. Er ist ein beratendes Gremium, das keine bindenden Entscheidungen fällen kann.

Die Organe

Das wichtigste Organ des Nordischen Rats ist das Präsidium mit einem Sekretariat in Stockholm. Für Justiz, Kultur, Verkehr, Sozialpolitik und Wirtschaft bestehen ständige Ausschüsse. Aufgrund der besonderen Beziehungen Finnlands zur UdSSR beschäftigt sich der Rat nicht mit Verteidigungs- und Außenpolitik.

Erfolge

Die Zusammenarbeit der nordeuropäischen Staaten führte u. a. zur Herstellung einer Paß- und Zollunion sowie eines einheitlichen skandinavischen Arbeitsmarktes seit 1954. Für nordische Staatsangehörige in einem anderen nor-

dischen Land gibt es das aktive und passive Kommunalwahlrecht. Die Oslo-Konvention von 1968 schuf die Grundlage für gemeinsame Projekte in der Entwicklungshilfe.
Bemühungen um eine Nordische Wirtschaftsunion waren nicht erfolgreich, da auf die Neutralität Schwedens, die Bindungen Dänemarks und Norwegens an die NATO, Finnlands an die UdSSR sowie die Mitgliedschaft Dänemarks in der →Europäischen Gemeinschaft (EG) Rücksicht genommen werden mußte.

OECD

Die Organisation für wirtschaftliche Zusammenarbeit und Entwicklung (*O*rganization for *E*conomic *C*ooperation and *D*evelopment = OECD) wurde 1961 als Nachfolgeorganisation der OEEC (*O*rganization for *E*uropean *E*conomic *C*ooperation) gegründet.

Ziele der OEEC

Die OEEC war 1948 insbesondere auch auf US-amerikanische Anregung hin ins Leben gerufen worden, um Kriterien für die Verteilung der im Rahmen des →Marshall-Plans von der amerikanischen Regierung bereitgestellten Gelder für einen wirtschaftlichen Wiederaufbau Westeuropas auszuarbeiten.

Weitere Ziele der OEEC waren u. a. die Liberalisierung des Warenverkehrs zwischen den 18 westeuropäischen Mitgliedstaaten, die Modernisierung der Produktionsstätten sowie Währungsstabilität. Nachdem ihre Ziele weitgehend erreicht waren, stellte die OEEC 1961 ihre Tätigkeit ein. Ihre Nachfolgeorganisation ist die OECD.

Die OECD

23 Länder sind heute Vollmitglieder der OECD: Australien, Belgien, Bundesrepublik Deutschland, Dänemark, Finnland, Frankreich, Griechenland, Großbritannien, Irland, Island, Italien, Japan, Kanada, Luxemburg, Neuseeland, Niederlande, Österreich, Portugal, Schweden, Schweiz, Spanien, Türkei und die USA. Jugoslawien ist assoziiertes Mitglied.

Ziele der OECD

In der OECD wird die Abstimmung der Wirtschaftspolitik der einzelnen Mitgliedstaaten wahrgenommen, wobei den Zielvorgaben Preisstabilität, wirtschaftliches Wachstum und Vollbeschäftigung besondere Bedeutung zukommt. Mit Hilfe langfristiger Konzepte wird versucht, wirtschaftspolitische Entscheidungen der Mitgliedsländer zu harmonisieren.
Weiterhin unterstützt die OECD die internationale Entwicklungspolitik und fördert insbesondere auf dem Gebiet der Zollpräferenzen handelspolitische Maßnahmen, die den Entwicklungsländern zugute kommen sollen.

Seit jüngerer Zeit sind neue Problembereiche wie Umweltschutz, Naturwissenschaften, Technologie, Landwirtschaft, Fischerei, Sozialfragen, Arbeitsmarktprobleme und Bildungswesen zusätzliche Aufgaben der OECD.

Organe der OECD

Oberstes Organ der OECD ist der in der Regel einmal im Jahr als Ministerrat tagende Rat, in dem sämtliche Mitgliedstaaten vertreten sind. Einstimmig beschlossene Rechtsakte des Rates sind verbindlich. Enthält sich ein Land der Stimme, so ist der getroffene Beschluß zwar wirksam, findet aber in diesem Land keine Anwendung.
Weitere Arbeitseinheiten sind der aus 13 Mitgliedern bestehende Exekutivausschuß, die Ausschüsse und das Sekretariat mit Sitz in Paris, das die Arbeit des Rates vorbereitet und seine Weisungen vollzieht.

Obwohl die von der OECD angestrebten Ziele zunehmend – wie etwa von der →Europäischen Gemeinschaft (EG) im Bereich ihrer Mitgliedstaaten – auch von anderen internationalen Organisationen verfolgt werden, ist die OECD nach wie vor ein wichtiges Instrument der Koordinierung und Kooperation in der internationalen Wirtschaftspolitik. Mit der EG, der →Europäischen Gemeinschaft für Kohle und Stahl (EGKS) und der →Europäischen Atomgemeinschaft (EAG) wurde eine enge Zusammenarbeit vereinbart.

Organe der Europäischen Gemeinschaft

1967 wurden die Organe der →Europäischen Gemeinschaft für Kohle und Stahl (EGKS; Montanunion), der →Europäischen Atomgemeinschaft (EAG; Euratom) und der →Europäischen Wirtschaftsgemeinschaft (EWG) vereint. Seither sind die Organe der →Europäischen Gemeinschaft (EG):

- der →Europäische Rat,
- der →Ministerrat,
- die →Kommission,
- das →Europäische Parlament,
- der →Europäische Gerichtshof und
- der →Europäische Rechnungshof.

Paneuropa-Bewegung

Die Paneuropa-Bewegung entsprang einem starken Aufleben des Europagedankens am Ende des Ersten Weltkriegs. Der Begründer dieser Bewegung, Richard Graf von Coudenhove-Kalergi, stellte in seinem 1923 erschienenen Buch »Paneuropa« als Antwort auf Krieg und Kriegsfolgen ein europäisches Einigungsprogramm vor, das er etappenweise verwirklichen wollte. So sollten nach seinen Plänen zunächst eine europäische Konferenz einberufen, sodann

zwischenstaatliche Schieds- und Garantieabkommen erreicht und schließlich, nach Errichtung einer Europäischen Zollunion, die Vereinigten Staaten von Europa nach dem Vorbild der USA konstituiert werden.
Graf Coudenhove-Kalergi trat auch in den folgenden Jahren für seinen Einigungsplan ein. Er gründete die ›Paneuropa-Union‹, die ein beachtliches Echo in der Öffentlichkeit und selbst bei führenden Politikern fand. Greifbare Ergebnisse aber konnte er bis zum Ausbruch des Zweiten Weltkrieges nicht mehr erzielen.

Pariser Verträge

Die Pariser Verträge, die zwischen den USA, Großbritannien, Frankreich und der Bundesrepublik Deutschland geschlossen wurden, beendeten das Besatzungsregime und gewährten dem westlichen Teil Deutschlands Souveränität. Sie traten am 5. Mai 1955 in Kraft. Gleichzeitig trat die Bundesrepublik Deutschland der →NATO und der →Westeuropäischen Union bei.
Die Souveränität blieb jedoch durch Vorbehalte der Alliierten »in bezug auf Berlin und auf Deutschland als Ganzes einschließlich der Wiedervereinigung Deutschlands und einer friedensvertraglichen Regelung« eingeschränkt.

Qualifizierte Mehrheit

Die qualifizierte Mehrheit ist eines von drei möglichen Beschlußverfahren im →Ministerrat der →Europäischen Gemeinschaft (EG). Der Ministerrat kann 1. mit einfacher Mehrheit, 2. mit qualifizierter Mehrheit und 3. mit Einstimmigkeit Beschlüsse fassen.
Bei einfachen Mehrheitsbeschlüssen oder einstimmigen Beschlüssen hat jedes Land eine Stimme.
Bei Beschlüssen mit qualifizierter Mehrheit haben die Länder je nach ihrer Größe unterschiedliche Stimmenanteile.
Insgesamt stehen im Ministerrat 76 Stimmen zur Verfügung. So haben die Bundesrepublik Deutschland, Frankreich, Großbritannien und Italien je 10 Stimmen, Spanien 8 Stimmen, Belgien, Griechenland, die Niederlande und Portugal je 5 Stimmen, Dänemark und Irland je 3 Stimmen und Luxemburg 2 Stimmen. Für die qualifizierte Mehrheit sind mindestens 54 der 76 Stimmen erforderlich. Ist jedoch ein Beschluß mit einfacher Mehrheit ausreichend, so müssen wenigstens sieben der zwölf EG-Mitgliedstaaten zustimmen.

RACE

RACE (*R*esearch and Development in *A*dvanced *C*ommunications Technologies in *E*urope) ist ein Projekt der →Europäischen Gemeinschaft (EG) im Bereich der →Telekommunikation. RACE fördert technische und wirtschaftliche Grundlagenarbeiten, die beim Aufbau europaweiter, breitbandiger Kommunikationsnetze und -dienste in den 90er Jahren helfen sollen. RACE läuft von 1987–1991 und ist mit 1,1 Milliarden →ECU (2,4 Milliarden DM) ausgestattet.

Rat für gegenseitige Wirtschaftshilfe

Der Rat für gegenseitige Wirtschaftshilfe (RGW) – in der englischen Abkürzung: COMECON (*Co*uncil for *M*utual *Econ*omic Assistance) – wurde am 25. Januar 1949 in Moskau gegründet. Gründungsmitglieder des RGW sind Bulgarien, Polen, Rumänien, Ungarn, die Tschechoslowakei und die UdSSR. Weitere Mitglieder sind Albanien (1949), das aber seit 1962 nicht mehr an den Ratsarbeiten teilnimmt, DDR (1950), die Mongolei (1962), Kuba (1972) und Vietnam (1978). Jugoslawien, Finnland, Irak und Mexiko sind dem RGW assoziiert, Afghanistan, Äthiopien, Angola, Laos, Nordkorea – und bis 1966 auch die Volksrepublik China – haben Beobachterstatus.

Ziele des RGW

Aus dem Gründungskommuniqué geht hervor, daß sowohl politische als auch ökonomische Überlegungen zur Ratsgründung geführt haben. Der Vorrang politischer Motive ist aber unbestritten: Der RGW war in erster Linie als östliches Gegenstück zum US-amerikanischen →Marshall-Plan und der in diesem Zusammenhang gegründeten OEEC (→OECD) gedacht und sollte dazu beitragen, daß sich die ČSSR, Polen und Ungarn nicht am Marshall-Plan beteiligten.

Nach Gründung der →Europäischen Wirtschaftsgemeinschaft (EWG) wurde der RGW als östliches Gegenmodell weiterentwickelt. Durch die sozialistische ökonomische Integration soll seit 1969 das »materielle und kulturelle Lebensniveau« der Bevölkerung ebenso erreicht werden wie die schrittweise Annäherung und Angleichung des ökonomischen Entwicklungsniveaus der RGW-Mitgliedsländer. Dabei wird →Integration als ein langfristiger Prozeß verstanden, dessen Endzustand noch weitgehend offen ist.

Eines der wesentlichen Prinzipien des RGW ist die Wahrung der nationalstaatlichen Souveränität. Der RGW versteht sich als eine lediglich zwischenstaatliche Einrichtung auf der Grundlage voller Freiwilligkeit. Überstaatliche Organe wurden bis heute nicht geschaffen.

Organe des RGW

Oberstes Entscheidungsorgan des RGW ist der Rat (Ratstagung), der in der Regel einmal jährlich zusammentritt und Grundsatzentscheidungen fällt. Das eigentliche Leitungs- und Vollzugsorgan ist das Exekutivkomitee, in das jeder Mitgliedstaat einen Vertreter entsendet. Die laufenden organisatorischen Aufgaben führt das Sekretariat des RGW mit Sitz in Moskau. Außerdem sind mehr als 20 ständige Kommissionen mit Planungs- und Organisationsaufgaben für die einzelnen Wirtschaftsbereiche betraut.

Hauptmerkmale der Wirtschaftsordnung im RGW

1. Die Produktionsmittel sind staatliches Eigentum.
2. Der Staat plant und kontrolliert die wirtschaftliche Produktion und Verteilung.
3. Der Staat setzt je nach Durchschnittskosten, Knappheit und Wichtigkeit eines Produkts die Preise fest.
4. Eine staatliche Planbehörde bestimmt und überwacht wirtschaftliche Investitionsvorhaben.
5. In der Planwirtschaft gibt es keinen echten freien Wettbewerb.
6. Der Staat hat das Außenhandelsmonopol und legt die Importe und Exporte fest.

Trotz sozialistischer Gemeinsamkeiten sind die Integrationsfortschritte im RGW bescheiden geblieben. Gründe hierfür sind u. a. das Prinzip der Einstimmigkeit in den RGW-Gremien, die eigene Wirtschaftsplanung jedes einzelnen Mitgliedstaates nach nationalen Gesichtspunkten und die beträchtlichen Struktur- und Niveauunterschiede der nationalen Volkswirtschaften. Unter der politisch und ökonomisch dominierenden UdSSR – sie produziert ca. zwei Drittel des RGW-Sozialproduktes – blieb die RGW-Wirtschaftsentwicklung während des Kalten Krieges bis weit in die 60er Jahre hinein eine inner-sozialistische Angelegenheit.

Beziehungen RGW – EG

Die Rivalität zwischen →NATO und →Warschauer Pakt bestimmte bis in die 70er Jahre hinein die Distanz zwischen →Europäischer Gemeinschaft (EG) und RGW. Erst 1988 hat der RGW die Gemeinschaft offiziell anerkannt. Durch die Aufnahme gegenseitiger offizieller Beziehungen werden die europäischen RGW-Staaten Missionen bei der EG in Brüssel errichten und die EG in einigen europäischen RGW-Staaten diplomatische Vertretungen eröffnen. Außerdem gibt es seit kurzem bilaterale Handelsabkommen zwischen der EG und der UdSSR, Ungarn, Polen und der ČSSR. Mit der →Deutschen Demokratischen Republik (DDR) ist eine engere Zusammenarbeit geplant. Das Handelsabkommen mit Rumänien von 1980 wurde im Dezember 1989 einstweilen suspendiert.

Osteuropa-Hilfe

Neben den Handelsabkommen hat die Gruppe der 24 westlichen Länder der OECD, die sog. G 24, im Dezember 1989 zusätzliche Hilfen für alle reformwilligen Länder in

Osteuropa beschlossen. Die Hilfen betreffen hauptsächlich den Bereich Nahrungsmittel, Aus- und Weiterbildung sowie Umweltschutz. Die Organisation und Koordinierung der Osteuropa-Hilfe wurde der →Kommission der EG übertragen.
Polen und Ungarn sollen von der Weltbank für 1,4 bzw. 0,7 Milliarden DM Kredite erhalten. Außerdem gewährt die G24 Polen einen Stabilisierungskredit von 2 Milliarden DM, der auch Ungarn seitens der EG in Aussicht gestellt wurde. Hinzu kommen für Polen eine weitere Umschuldung, die sich allein für die Bundesrepublik Deutschland bereits auf 3,7 Milliarden DM beläuft, und bilaterale Hilfsmaßnahmen. An Nahrungsmitteln soll Polen erste Lieferungen im Wert von 750 Millionen DM bekommen.
Eine wichtige Rolle wird die zukünftige Europäische Bank für Wiederaufbau und Entwicklung Osteuropas (EBWE) spielen, deren Gründung der → Europäische Rat im Dezember 1989 beschlossen hat. Mit einem Grundkapital von rund 20 Milliarden DM soll sie Investitionen in Osteuropa finanzieren helfen. Die EBWE soll Ende 1990 ihre Arbeit aufnehmen. Als Sitz ist London vorgesehen. An der EBWE sind 41 Länder, einschließlich der Sowjetunion, beteiligt.
Die Möglichkeiten einer Stiftung für osteuropäische Wirtschaftsführungskräfte wird zur Zeit noch von der EG-Kommission geprüft.
Rumänien bot die EG im Dezember 1989 Soforthilfe an, nachdem das Ceauşescu-Regime in einem blutigen Volksaufstand gestürzt worden war.

Rechtsangleichung (Harmonisierung)

Unterschiede in den Rechts- und Verwaltungsvorschriften der einzelnen Mitgliedstaaten der →Europäischen Gemeinschaft (EG) können für den Wettbewerb im →Binnenmarkt nachteilig und störend sein. Um solche Störungen zu beseitigen oder zu vermeiden, kann der →Europäische Rat auf Vorschlag der →Kommission der EG Richtlinien (→europäisches Gemeinschaftsrecht) für eine Angleichung derjenigen Rechts- und Verwaltungsvorschriften der Mitgliedstaaten erlassen, »die sich« – so Artikel 100 des Vertrages zur Gründung der →Europäischen Wirtschaftsgemeinschaft (EWG) – »unmittelbar auf die Errichtung oder das Funktionieren des Gemeinsamen Marktes auswirken«. Der Beschluß des Rates, eine Richtlinie zu erlassen, muß einstimmig gefaßt werden.
Eine unmittelbare Auswirkung auf den Gemeinsamen Markt liegt vor, wenn bestimmte nationale Vorschriften in einzelnen Mitgliedstaaten die Freiheit des Wirtschaftsverkehrs innerhalb der EG oder die Verwirklichung einer beschlossenen, gemeinschaftlichen Politik deutlich behindern. So gestaltet Artikel 100 des EWG-Vertrages beispielsweise auch Rechtsangleichungen in den Bereichen des Umwelt- und Verbraucherschutzes, weil auch insoweit Unterschiede in den nationalen Bestimmungen den Wettbewerb im Gemeinsamen Markt spürbar verfälschen können.

Die Mitgliedstaaten sind verpflichtet, die in den Richtlinien enthaltenen Regelungen in der angegebenen Frist in innerstaatliches, also nationales Recht umzusetzen, damit in allen EG-Mitgliedstaaten gleiche Wettbewerbschancen herrschen.

Regionalfonds

Geläufige Bezeichnung für den →Europäischen Fonds für regionale Entwicklung (EFRE). Er ist einer der drei →Strukturfonds der →Europäischen Gemeinschaft (EG).

Regionalpolitik, europäische

Seit Errichtung des →Europäischen Fonds für regionale Entwicklung (EFRE, Regionalfonds) im Jahre 1975 gibt es in der →Europäischen Gemeinschaft (EG) eine gemeinsame Regionalpolitik.
Bereits der Vertrag zur Gründung der →Europäischen Wirtschaftsgemeinschaft (EWG) von 1957 nennt das Ziel, den Abstand zwischen den einzelnen Gebieten und den Rückstand weniger begünstigter Gebiete zu verringern. Die Zuschüsse des Regionalfonds werden durch Hilfen des

→Europäischen Sozialfonds (ESF), der Abteilung »Ausrichtung« des →Europäischen Ausrichtungs- und Garantiefonds für die Landwirtschaft (EAGFL, Agrarfonds) und der →Europäischen Investitionsbank (EIB) ergänzt. Durch die Süderweiterung der Gemeinschaft durch Griechenland, Spanien und Portugal nahm die Bedeutung der gemeinsamen Regionalpolitik zu.

Reinheitsgebot

Das deutsche Reinheitsgebot zur Herstellung von Bier und Wurst sowie das italienische Reinheitsgebot für Teigwaren wurden vom →Europäischen Gerichtshof (EuGH) als unzulässige →Handelshemmnisse verurteilt. Um den freien Warenverkehr in der →Europäischen Gemeinschaft (EG) vor protektionistischen Maßnahmen zu schützen, müssen die Grenzen auch für Produkte geöffnet werden, die nicht dem jeweiligen nationalen Reinheitsgebot entsprechen. Voraussetzung für den freien Handel im Lebensmittelbereich ist lediglich, daß Nahrungsmittel nicht Gesundheit oder Leben des Menschen gefährden. Hierzu sind einheitliche Lebensmittelkontrollen und eine →Rechtsangleichung der nationalen Lebensmittelvorschriften erforderlich. Das Reinheitsgebot kann jedoch für die nationalen Produkte eines Landes, also z. B. auch für das in der Bundesrepublik Deutschland gebraute Bier, weiter gelten.

Unterzeichnung der Römischen Verträge am 25. März 1957 und damit der Verträge zur Gründung der Europäischen Wirtschaftsgemeinschaft (EWG) und der Europäischen Atomenergiegemeinschaft (Euratom).

Römische Verträge

Die Römischen Verträge sind die Verträge zur Gründung der →Europäischen Wirtschaftsgemeinschaft (EWG) und der →Europäischen Atomgemeinschaft (EAG; Euratom). Sie wurden am 25. März 1957 in Rom unterzeichnet. Den Römischen Verträgen voraus ging die Gründung der →Europäischen Gemeinschaft für Kohle und Stahl (EGKS) 1951. Alle drei Gemeinschaften zusammen bilden seit 1967 die →Europäischen Gemeinschaften (EG).

Schengener Abkommen

Das »Übereinkommen zwischen den Regierungen der Staaten der Benelux-Wirtschaftsunion, der Bundesrepublik Deutschland und der Französischen Republik betreffend den schrittweisen Abbau der Kontrollen an den gemeinsamen Grenzen« wurde am 14. Juni 1985 zwischen diesen fünf Ländern in Schengen (Luxemburg) geschlossen.

Vertragsziel

Das Schengener Abkommen sollte die anhaltende Stagnation beim Abbau der Grenzkontrollen und -formalitäten überwinden und wenigstens in einem Teil der →Europäischen Gemeinschaft (EG) Behinderungen der →Freizügigkeit von Personen und Waren schneller beseitigen.

Vorgesehene Maßnahmen

Das Abkommen sieht kurzfristige und langfristige Maßnahmen zum Grenzabbau vor.

- **Kurzfristige Maßnahmen:** Die kurzfristigen Maßnahmen sind größtenteils bereits nach Unterzeichnung des Abkommens verwirklicht worden. Sie betrafen im wesentlichen die grundsätzliche Änderung des Kontrollsystems für Personenkraftwagen (Überqueren der Grenze mit verminderter Geschwindigkeit anstatt anzuhalten; Stichprobenkontrollen nur im Einzelfall) und haben die Grenzabfertigung des Personenverkehrs erheblich beschleunigt.

● **Langfristige Maßnahmen:** Bei den langfristig durchzuführenden Maßnahmen zur Beseitigung der Grenzkontrollen unterscheidet das Abkommen zwischen Personenverkehr und Warenverkehr:

– **Personenverkehr:** Der vollständige Abbau der Personenkontrollen sollte ursprünglich bis zum 1. Januar 1990 erreicht sein. Dieser Termin konnte nicht eingehalten werden, da das Schengener Zusatzabkommen, mit dem einige noch offene Fragen des Schengener Abkommens geregelt werden sollen, bisher nicht unterzeichnet worden ist. Das Zusatzabkommen betrifft eine Anzahl von Ausgleichsmaßnahmen, die durch den völligen Wegfall der bisherigen Kontrollen erforderlich werden. Dies sind u. a. Maßnahmen im Waffenrecht, bei der Hotelmeldepflicht und den Kontrollen an den Außengrenzen der EG, im Betäubungsmittelbereich (Drogen) sowie im Ausländer- und Asylrecht. Als problematisch erwies sich auch die Behandlung von Bürgern der →Deutschen Demokratischen Republik (DDR), die für die Bundesrepublik Deutschland keine Drittausländer sind. Um mögliche Sicherheitsdefizite zu vermeiden, wollen die fünf Partnerstaaten bis zum 1. Juli 1991 gemeinsam ein modernes EDV-gestütztes Fahndungs- und Informationssystem zur grenzüberschreitenden Ausschreibung und Verfolgung gesuchter Personen im gesamten Geltungsbereichs des Schengener Abkommen errichten. Geplant sind weitere einheitliche polizeiliche Maßnahmen sowie eine harmonisierte Visapolitik gegenüber Drittstaaten.

- **Warenverkehr:** Der völlige Abbau der Grenzkontrollen für den Warenverkehr erfordert verschiedene Harmonisierungsmaßnahmen im Bereich der →Steuerpolitik. Das Schengener Abkommen verweist daher auf Harmonisierungsbemühungen im Zusammenhang mit der Errichtung des EG Binnenmarktes bis zum 21. Dezember 1992 (→Binnenmarkt).

Schlußakte von Helsinki

Die Schlußakte von Helsinki wurde am 1. April 1975 von den 35 Teilnehmerstaaten der Konferenz über Sicherheit und Zusammenarbeit in Europa (→KSZE) (außer Albanien) unterzeichnet.
Der Unterzeichnung waren zwei Jahre dauernde Begegnungen vorausgegangen. In der Schlußakte verpflichten sich die Teilnehmerstaaten u. a.,

- die territoriale Integrität der Staaten zu achten und
- die Grenzen der Staaten in Europa als unverletzlich zu betrachten.

Treffen von Bundeskanzler Konrad Adenauer (links) und dem französischen Außenminister Robert Schuman am 14. Januar 1950 in Bonn zur Erörterung der Saarfrage.

Schuman-Plan

Der Schuman-Plan markiert die eigentliche Geburtsstunde der →Europäischen Gemeinschaft (EG): Am 9. Mai 1950 verkündete der damalige französische Außenminister Robert Schuman in einer feierlichen Erklärung die Ziele und Methoden einer europäischen Einigung.

Im Mittelpunkt dieses Plans stand das historisch bedeutsame Angebot der französischen Regierung an den ehemaligen deutschen Kriegsgegner zu einer gemeinsamen Politik im Bereich der Kohle- und Stahlindustrie und damit auf dem Gebiet, das die Grundlage der klassischen Rüstungsindustrie darstellte.

Der Plan Schumans führte 1951 in Paris zur Gründung der →Europäischen Gemeinschaft für Kohle und Stahl (EGKS). Ihr traten sechs Staaten bei: Frankreich, die Bundesrepublik Deutschland, Italien und die drei →Benelux-Länder Belgien, Niederlande und Luxemburg. Diese erste Einigung im Bereich von Kohle und Stahl war der Anfang der europäischen →Integration. Die EGKS bedeutete eine teilweise Übertragung nationaler Hoheitsrechte auf übernationale (→supranationale) Organe. 1957 gründeten die sechs EGKS-Staaten in Rom (→Römische Verträge) die →Europäische Wirtschaftsgemeinschaft (EWG) und die →Europäische Atomgemeinschaft (EAG). Die ursprünglich auf die Montanindustrie beschränkte gemeinsame Politik konnte hierdurch auf sämtliche Wirtschaftsbereiche ausgedehnt werden.

Sozialfonds, europäischer

Der Europäische Sozialfonds (ESF) ist einer der drei →Strukturfonds der →Europäischen Gemeinschaft (EG). Er wurde 1958 durch die →Römischen Verträge zur Gründung der →Europäischen Wirtschaftsgemeinschaft (EWG) geschaffen.

Ziel des ESF ist die Förderung der beruflichen Verwendbarkeit und der örtlichen und beruflichen Freizügigkeit der Arbeitnehmer. 1988 verfügte der ESF über rund 6 Milliarden DM. Diese Mittel werden als Zuschüsse für nationale

sozial- und arbeitspolitische Maßnahmen vergeben. Nach einem Beschluß des →Europäischen Rates vom Februar 1988 werden die Gelder der EG-Strukturfonds bis 1993 verdoppelt. Durch die dritte Reform des ESF 1983 sollen die Mittel des Sozialfonds hauptsächlich für die berufliche Bildung Jugendlicher und zur Förderung Langzeitarbeitsloser eingesetzt werden.
Neben der Konzentration der Hilfen auf bestimmte Zielgruppen werden vom Strukturwandel bedrohte Wirtschaftsbereiche und wirtschaftlich unterentwickelte Regionen besonders berücksichtigt.

Sozialpolitik, europäische

Neben der Errichtung eines Europäischen → Sozialfonds (ESF) nennt der Vertrag zur Gründung der →Europäischen Wirtschaftsgemeinschaft (EWG) von 1957 verschiedene sozialpolitische Ziele. So u. a.: die Verbesserung der Lebens- und Arbeitsbedingungen, die Herstellung der →Freizügigkeit der Arbeitnehmer, gleiches Entgelt für Männer und Frauen bei gleicher Arbeit, den Austausch junger Arbeitnehmer (→Jugendaustausch), die Zusammenarbeit der Mitgliedstaaten im Arbeitsrecht, der beruflichen Ausbildung, der Sicherheit am Arbeitsplatz sowie die soziale Absicherung der Wanderarbeitnehmer in einem anderen Land der Gemeinschaft.

Europäischer Sozialraum

Gemäß den Neuerungen der →Einheitlichen Europäischen Akte ist das Ziel der Sozialpolitik der →Europäischen Gemeinschaft (EG) die Verwirklichung eines europäischen Sozialraums, in dem die teilweise großen sozialen Unterschiede zwischen den einzelnen EG-Ländern nicht mehr bestehen. Dies soll z.B. im Arbeitsschutz durch Mindestanforderungen geschehen, die für alle EG-Länder gleich sind, ohne die höheren Schutzvorschriften oder sozialen Rechte einzelner EG-Staaten zu beseitigen. Im Bereich der betrieblichen Mitbestimmung wird es für europäische, nicht rein nationale Unternehmen z.B. neue europäische Modelle der Mitbestimmung geben.

Die europäische Sozialcharta

Die Sozialcharta der → Europäischen Gemeinschaft (EG) ist das entscheidende Instrument für einen gemeinsamen Sozialraum. Bis auf Großbritannien befürworten alle EG-Mitgliedstaaten die Notwendigkeit der Sozialcharta. Im Juni 1989 hatte die →Kommission der EG dem →Europäischen Rat einen zweiten Entwurf einer »Gemeinschaftscharta der sozialen Grundrechte« vorgelegt. Diese Charta wurde auf dem Gipfeltreffen des Europäischen Rates am 8./9. Dezember 1989 als sog. feierliche Erklärung ohne rechtlich bindende Wirkung verabschiedet. Die Charta enthält Bestimmungen über wichtige soziale Grundrechte:

- Recht auf Freizügigkeit, Beschäftigung und gerechte Entlohnung,

- Recht auf sozialen Schutz,
- Recht auf Koalitionsfreiheit und Tarifverhandlungen,
- Recht auf Berufsausbildung und Fortbildung,
- Recht auf Gleichbehandlung von Mann und Frau,
- Recht der Arbeitnehmer auf Information, Konsultation und Mitwirkung in den Betrieben,
- Recht auf Gesundheitsschutz und Sicherheit am Arbeitsplatz,
- Kinder- und Jugendschutz,
- Recht auf Mindestversorgung für ältere Menschen und Integration behinderter Arbeitnehmer

Das Streikverbot für Beamte in der Bundesrepublik Deutschland bleibt aufrechterhalten.
Auch sind in einigen Ländern für Jugendliche zwischen 16 und 18 Jahren mehr als 40 Arbeitsstunden pro Woche erlaubt.
Außerdem legte die EG-Kommission im November 1989 ein Aktionsprogramm für soziale Mindeststandards vor, das bisher 47 konkrete sozialpolitische Maßnahmen für die Verwirklichung des europäischen Sozialraums im gemeinsamen →Binnenmarkt 1992 vorsieht. Diese einzelnen Bestimmungen sollen in den nächsten Jahren als Verordnungen, Richtlinien oder Empfehlungen verabschiedet werden.

Die Sozialcharta des Europarats

Seit 1961 existiert bereits die Europäische Sozialcharta des →Europarats. Hier haben sich die Vertragsstaaten verpflichtet, mindestens fünf der sieben verbrieften Sozialrechte bindend anzuerkennen:

1. Recht auf Arbeit,
2. Vereinigungsrecht,
3. Recht auf Kollektivverhandlungen und Streikrecht,
4. Recht auf soziale Sicherheit,
5. Recht auf Fürsorge,
6. Recht der Familie auf sozialen, gesetzlichen und wirtschaftlichen Schutz und
7. Recht der Wanderarbeitnehmer und ihrer Familien auf Schutz und Beistand.

Sozialer Dialog

Beim sozialen Dialog geht es um die Mitwirkung von Arbeitgebern, Arbeitnehmern, Verbänden und Gewerkschaften bei der Gestaltung der EG-Politik. Hierfür gibt es im arbeits- und sozialpolitischen Bereich auf EG-Ebene das →Europäische Parlament, den →Wirtschafts- und Sozialausschuß, den Beratenden Ausschuß der →Europäischen Gemeinschaft für Kohle und Stahl (EGKS) und den Ständigen Ausschuß für Beschäftigungsfragen. Auf nationaler Ebene gibt es in der Bundesrepublik Deutschland die →Nationale Europa-Konferenz.

Staatenbund (Konföderation)

Ein Staatenbund ist der lockere Zusammenschluß selbständiger Staaten. Die Mitgliedstaaten können einen Teil ihrer staatlichen Aufgaben auf gemeinsame Organe übertragen; ihre Souveränität aber bleibt unangetastet.
Der Staatenbund kann zwar nach außen als Einheit auftreten, er ist jedoch kein selbständiger Staat und kennt keine den Mitgliedstaaten übergeordnete Staatsgewalt. Hierin liegt der Unterschied zum →Bundesstaat (Föderation), bei dem durch den Zusammenschluß von Staaten ein neuer, souveräner Staat entsteht.
Beispiele einer Konföderation: der Rheinbund von 1806 bis 1813, der Deutsche Bund von 1815 bis 1866.

Steuerpolitik, europäische

Um den →Binnenmarkt innerhalb der →Europäischen Gemeinschaft (EG) zu verwirklichen, müssen die noch bestehenden indirekten → Handelshemmnisse, die technischen und steuerlichen Schranken, beseitigt werden. Erst dann kann auf →Grenzkontrollen an den Binnengrenzen der EG verzichtet werden. Daher ist im Bereich der Steuerpolitik eine →Rechtsangleichung (Harmonisierung) erforderlich.

Indirekte Steuern

Bei den indirekten Steuern handelt es sich um zwei Steuerformen, die EG-weit angeglichen werden sollen: die Mehrwertsteuer und die Verbrauchssteuer.

● **Mehrwertsteuer:** Der Normalsatz der Mehrwertsteuer ist in den 12 EG-Ländern unterschiedlich. Er reicht von 25 % in Irland bis zu 12 % in Spanien und Luxemburg. Zusätzlich erheben einige Länder eine sog. Luxussteuer für den gehobenen Bedarf. Bestimmte Waren sind dagegen in Großbritannien, Irland, Belgien, Dänemark und Italien steuerbefreit. Das Problem: Eine Harmonisierung dieser unterschiedlichen Steuersysteme und -sätze führt sowohl zu erheblichen Umsatzeinbußen der Händler und Firmen als auch zu großen Steuerausfällen der einzelnen EG-Staaten.

Der Kommissionsvorschlag:
Der Vorschlag der →Kommission der EG sieht daher eine Bandbreite für den Regelsatz von 14–20 % vor. Der ermäßigte Steuersatz soll zwischen 4–9 % liegen. Grenzüberschreitende Ein- und Verkäufe in der EG müßten dann ebenso behandelt werden wie Ein- und Verkäufe im Inland. Eine zentrale Verteilstelle, eine Clearing-Stelle, sorgt für den notwendigen zwischenstaatlichen Finanzausgleich. Sie verteilt die Mehrwertsteuereinnahmen zwischen den Mitgliedstaaten, damit derjenige Staat die Mehrwertsteuer kassiert, in dem der Endverbrauch des gekauften Produktes stattfindet.

● **Verbrauchssteuer:** Um hier gleiche Wettbewerbschancen zu schaffen, soll es nach dem Vorschlag der EG-Kommission in Zukunft nur fünf Verbrauchssteuern

Mehrwertsteuersätze in den EG-Staaten

	Normalsatz %	Ermäßigter Satz für lebensnotwendige Güter %	Erhöhter Satz für gehobenen Bedarf und Luxusgüter %
Belgien	19	1 – 6 – 17	25 – 33
Bundesrepublik Deutschland	14	7	–
Dänemark	22	–	–
Frankreich	18,6	2,1 – 5,5 – 13	25 – 28
Griechenland	16	3 – 6	36
Großbritannien	15	–	–
Irland	25	1,4 – 5 – 10	–
Italien	19	4 – 9	38
Luxemburg	12	3 – 6	–
Niederlande	18,5	6	–
Portugal	17	8	30
Spanien	12	6	33

In Großbritannien sind bestimmte Lebensmittel, Getränke, Medikamente und Zeitungen von der Steuer befreit, in Dänemark, Belgien und Italien Zeitungen.

Stand: 1989

geben: auf Mineralöl, Tabak, Alkohol, Bier und Wein. Nicht betroffen sind hiervon sog. Verbrauchssteuern mit örtlich begrenzter Wirkung wie Vergnügungs- oder Hundesteuer. Die Verbrauchssteuer soll in demjenigen Land gezahlt werden, in dem das gekaufte Produkt verbraucht wird.

Auswirkungen in der Bundesrepublik Deutschland:
Im Bereich der Verbrauchssteuern würde demnach in der Bundesrepublik Deutschland die Verbrauchssteuer auf Salz, Zucker, Kaffee, Tee und Leuchtmittel entfallen, auf Wein neu eingeführt werden. Bei den Mehrwertsteuern liegt die Bundesrepublik mit einem Regelsatz von 14% bereits innerhalb der geplanten Bandbreite. Änderungen ergäben sich für Waren und Leistungen mit ermäßigtem Steuersatz. Der ermäßigte Steuersatz soll für Güter des Grundbedarfs wie z.B. Nahrungsmittel, für Beleuchtung, Heizung, Wasser, Arzneimittel, Bücher, Zeitungen, Zeitschriften und Personenbeförderung gelten.

Direkte Steuern

Im Gegensatz zu den indirekten Steuern wird es bei den direkten Steuern – das sind vor allem die Einkommensteuer, Körperschaftssteuer und Realsteuer – auf absehbare Zeit keine Harmonisierung geben. Die direkten Steuern gehören nicht zu den klassischen Handelshemmnissen und sind für den geplanten Binnenmarkt zunächst von untergeordneter Bedeutung. Dennoch plant die EG-Kommission beispielsweise, für die Unternehmensbesteuerung eine einheitliche Bemessungsgrundlage zu schaffen.

Ergebnisse:
Im Bereich der Steuerpolitik hat der →Ministerrat der EG noch keine Beschlüsse gefaßt. Da bei Fragen der Steuerharmonisierung die Finanzminister der EG Einstimmigkeit erzielen müssen, sind bisher noch keine bedeutenden Fortschritte erreicht worden.

Strukturfonds, europäische

Die drei Strukturfonds der →Europäischen Gemeinschaft (EG) als Instrumente einer gemeinsamen →Strukturpolitik sind der → Europäische Ausrichtungs- und Garantiefonds für die Landwirtschaft (Agrarfonds), der →Europäische Sozialfonds und der →Europäische Fonds für die regionale Entwicklung (Regionalfonds).
Am 11./12. Februar 1988 hat der →Europäische Rat die Verdoppelung der EG-Strukturfonds bis 1993 auf 14,3 Milliarden →ECU, d.h., auf rund 30 Milliarden DM beschlossen.

Strukturpolitik, europäische

Die Wirtschaftsstruktur der → Europäischen Gemeinschaft (EG) weist je nach EG-Staaten und Regionen erhebliche Unterschiede auf. Merkmale der Wirtschaftsstruktur sind z. B.:

- die Bevölkerungsstruktur (Alter, Geschlecht, Beruf usw.),
- die natürliche Raumstruktur (Bodenschätze, Wälder, Trockengebiete usw.),
- die Infrastruktur (Straßennetz, Telekommunikation, Technik usw.).

Die Wirtschaftsstruktur der EG, ihrer Mitgliedstaaten und Regionen unterscheidet sich auch in der unterschiedlichen Bedeutung der einzelnen Wirtschaftssektoren. Man unterscheidet den primären Sektor der Land- und Forstwirtschaft, den sekundären Sektor von Industrie, Bergbau und Handwerk und den tertiären Sektor der Dienstleistungen. Der Anteil der Beschäftigten im Dienstleistungsbereich in der EG ist auf heute über 60 % gestiegen, der Anteil der Beschäftigten der Industrie auf 32 % gesunken.
Durch gezielte Strukturpolitik kann die Wirtschaftsstruktur der 12 EG-Mitgliedstaaten und ihrer Regionen verbessert werden. Durch strukturpolitische Maßnahmen in den verschiedenen Sektoren und vorhandenen äußeren Strukturen kann Fehlentwicklungen gegengesteuert und können wirtschaftsschwache Gebiete oder Branchen gefördert werden. Das Instrument der gemeinsamen Strukturpolitik sind die

drei → Strukturfonds der EG zur Verwirklichung der gemeinsamen → Regionalpolitik, → Sozialpolitik und → Agrarpolitik. Außerdem gewährt die → Europäische Investitionsbank Kredite und Darlehen für strukturpolitische Vorhaben.

Subventionen

Subventionen sind Beihilfen, Unterstützungen, staatliche Zuschüsse oder Steuervergünstigungen, die meistens wirtschafts- oder sozialpolitische Ziele verfolgen. In der Wirtschaft können einzelne Unternehmen, Wirtschaftszweige oder Regionen durch Subventionen gefördert werden. Subventionen, die den freien → Wettbewerb verfälschen, sind in der → Europäischen Gemeinschaft (EG) verboten.

Süderweiterung

Unter Süderweiterung versteht man den Beitritt der drei südeuropäischen Länder Griechenland, Portugal und Spanien zur → Europäischen Gemeinschaft (EG).
Mit dem Beitritt Griechenlands, das am 1. Januar 1981

zehntes Mitglied der EG wurde, konnte die erste Phase der Süderweiterung abgeschlossen werden. In einer zweiten Phase wurden am 1. Januar 1986 Portugal und Spanien Vollmitglieder der EG.
Die Erweiterung der Gemeinschaft auf 12 Mitglieder wirft sowohl für die bisherigen als auch für die neuen Mitgliedstaaten Probleme auf. Sie können durch eine gemeinsame Politik der Solidarität gelöst werden. Diesem Ziel dienen die drei →Strukturfonds der EG.
Durch einen Beschluß des →Europäischen Rates im Februar 1988 werden die Mittel für diese Fonds bis 1993 real verdoppelt. Die finanzielle Verdoppelung und die Konzentration der Hilfen auf die ärmsten Regionen der EG kommen vor allem auch Spanien und Portugal zugute. Die wirtschaftliche und soziale Stärkung und Solidarität innerhalb der EG sind wichtige Voraussetzungen für einen funktionsfähigen europäischen →Binnenmarkt.

supranational

Das supranationale Prinzip bedeutet Übertragung bisheriger nationaler Hoheitsrechte und Entscheidungsbefugnisse auf übergeordnete, überstaatliche und gemeinschaftliche Organe.
Bisher haben die Mitgliedstaaten der →Europäischen Gemeinschaft (EG) einzelne Bereiche auf die supranationalen →Organe der EG übertragen und treffen Entschei-

dungen auf europäischer Ebene, so in der →Europäischen Wirtschaftsgemeinschaft (EWG), →der Europäischen Atomgemeinschaft (EAG), der →Europäischen Gemeinschaft für Kohle und Stahl (EGKS) und im außenpolitischen Bereich in der →Europäischen Politischen Zusammenarbeit (EPZ).
In einer →Europäischen Union (EU) würde das überstaatliche Prinzip eine wichtige Rolle spielen. Die Verfassungen der einzelnen Mitgliedstaaten müssen jedoch die Übertragung nationaler Hoheitsrechte auf supranationale Organe erlauben. Das Grundgesetz der Bundesrepublik Deutschland und die Verfassungen von Belgien, Dänemark, Irland, Italien und Portugal sehen dies ausdrücklich vor. Die Verfassungen Frankreichs und der Niederlande sind in dieser Frage nicht eindeutig geregelt. Großbritannien besitzt keine geschriebene Verfassung.
Seit Gründung der EG sind vor allem Frankreich, Dänemark und Großbritannien Gegner supranationaler Entwicklungen innerhalb der Gemeinschaft.

Technologie, europäische

Zur Zeit stammen in Europa acht von zehn Personal-Computern aus den USA und neun von zehn HiFi- und Videogeräten aus Japan. Um dieses Defizit auszugleichen, wurde die technologische Zusammenarbeit der →Europäischen Gemeinschaft (EG) in den letzten Jahren durch gemeinsame Projekte u. a. zu Informations- und Kommunikationstechnologien verstärkt (→Forschung).

Telekommunikation

In der →Europäischen Gemeinschaft (EG) war das Fernmeldewesen, die Telekommunikation, bisher staatlichen Behörden in Monopolstellung vorbehalten (Bundesrepublik Deutschland: Deutsche Bundespost). Um im europäischen → Binnenmarkt 1992 einen freien Markt auch für Telekommunikationsausrüstungen (Telefone, Telekopierer, Fernschreiber, Antennen, Kabel, etc.) und Telekommunikationsdienste zu erreichen, hat der → Ministerrat der EG am 30. Juni 1988 die Öffnung des Telekommunikationsmarktes beschlossen. Es geht u. a. um

- **die Liberalisierung des Marktes der Telekommunikations-Endgeräte.** Bis zum 31. Dezember 1990 sollen die letzten Liefermonopole der Netzbetreiber in der EG beseitigt werden. Gegen diese EG-Richtilinie haben Frankreich und die Bundesrepublik Deutschland beim → Europäischen Gerichtshof (EuGH) Klage erhoben.
- **die Liberalisierung der Telekommunikations-Dienste.** Mit Ausnahme des einfachen Telefondienstes sollen ausschließliche und besondere Rechte dieser Dienstleistungen beseitigt werden.

- **die Öffnung der Fernmelde-Beschaffungsmärkte.** Bisher wurden Telekommunikations-Aufträge fast ausschließlich an nationale Lieferanten vergeben.
- **Ausbau einer gemeinsamen Infrastruktur.** Bis 1992 soll das »dienstintegrierende digitale Fernmeldenetz« (ISDN) eingeführt werden. ISDN liefert die Voraussetzungen für die Übertragung von Ton, Text, Bild und Daten über ein universales Netz. Bisher haben sich 18 von 37 europäischen Postverwaltungen auf einen ISDN-Standard geeinigt.
- **Zusammenarbeit in Forschung und Entwicklung.** Die EG-Projekte → RACE, STAR und → ESPRIT sind gemeinsame Projekte zur Informations- und Kommunikationstechnik. Dieser Bereich bildet mit 40 % einen Schwerpunkt der gemeinsamen → Forschung innerhalb der EG.

Außerdem wurde im März 1988 das Europäische Institut für Telekommunikationsnormen (ETSI) gegründet.

Tindemans-Bericht

1974 beauftragen die Staats- und Regierungschefs der → Europäischen Gemeinschaft (EG) den belgischen Ministerpräsidenten Leo Tindemans, Vorschläge für die Verwirklichung einer → Europäischen Union bis 1980 auszuarbeiten. Der sog. Tindemans-Bericht, der dem → Europäischen Rat 1975 zur Diskussion vorgelegt wurde, nennt sechs wichtige Voraussetzungen zur Schaffung einer Europäischen Union:

1. eine gemeinsame Außenpolitik. Sie soll über die Koordinierung der →Europäischen Politischen Zusammenarbeit (EPZ) hinausgehen.
2. eine →Wirtschafts- und Währungsunion. Sie soll als erste Maßnahme weiter ausgebaut werden.
3. eine gemeinsame →Sozial- und →Regionalpolitik. Sie soll die sozialen und regionalen Unterschiede innerhalb der EG verringern.
4. ein →Europa der Bürger. Die Rechte der Bürger sollen wirksam geschützt und die Politik bürgernah gestaltet sein.
5. die Stärkung der gemeinsamen →Organe der EG. Die EG-Institutionen sollen mehr Rechte und Befugnisse erhalten.
6. ein allmählicher Aufbau der Europäischen Union (EU). Aus politischen Verpflichtungen sollen schrittweise rechtliche Verbindlichkeiten entstehen.

Wie der ältere →Fouchet-Plan wurde auch der Tindemans-Bericht nicht verwirklicht.

TREVI

TREVI ist die Abkürzung für *T*errorisme, *R*adicalisme, *E*xtremisme und *V*iolence *I*nternational. TREVI wurde 1976 gegründet und bezeichnet die Zusammenarbeit der Staaten der →Europäischen Gemeinschaft (EG) zur Bekämpfung von internationalem Terrorismus und Drogenhandel. Die EG-Minister für innere Sicherheit (→Ministerrat der EG) treffen sich zweimal im Jahr zu Beratungen.

Überschüsse

Die Überschüsse der →Europäischen Gemeinschaft (EG) an landwirtschaftlichen Produkten wie ›Butterberge‹ und ›Milchseen‹ sind durch Reformen der →Agrarpolitik der Gemeinschaft inzwischen in einigen Bereichen drastisch gesunken.

Umweltpolitik, europäische

Mit Umweltpolitik sind auf europäischer Ebene verschiedene internationale Organisationen befaßt. Wichtige Beiträge zum europäischen Umweltschutz werden u. a. geleistet

- vom →Europarat auf dem Gebiet des Naturschutzes und der Wasserschutzpolitik,
- von der →OECD auf dem Gebiet der Umweltchemikalien,
- von der →ECE auf dem Gebiet der weiträumigen Luftverschmutzung und der Automobilabgase,
- von der Internationalen Meeresorganisation (IMO: International Maritime Organization) auf dem Gebiet der Meeresverschmutzung.

Dennoch ist mit ›europäischer Umweltpolitik‹ heute meist die Umweltpolitik der →Europäischen Gemeinschaft (EG) gemeint. Dies erklärt sich daraus, daß insbesondere die EG alle diese Einzelbeiträge im internationalen Rahmen aufgreift, integriert und durch eigene Initiativen umsetzen kann.

Umweltpolitik der EG

Eine gemeinsame Politik zum Schutz der Umwelt ist in den Verträgen zur Gründung der →Europäischen Wirtschaftsgemeinschaft (EWG) von 1957 (→Römische Verträge) nicht vorgesehen. Erst durch die Feierliche Erklärung des →Europäischen Rates von 1972 gibt es gemeinsame Maßnahmen im Umweltschutz, und durch die →Einheitliche Europäische Akte von 1986 ist der Umweltschutz fest in den Zuständigkeitsbereich der →Europäischen Gemeinschaft (EG) aufgenommen worden.

Das Umweltschutzprogramm der EG

1973 begann das erste 4-Jahresprogramm der EG für den Umweltschutz. Zur Zeit läuft von 1987–1992 das vierte EG-Aktionsprogramm. Die Schwerpunkte für die nächsten Jahre sind:

1. Vervollständigung und Durchsetzung der bestehenden EG-Gesetze zum Umweltschutz,
2. eine bessere Eingliederung der Umweltpolitik in andere Bereiche der gemeinsamen EG-Politik,
3. ein stärkeres Engagement der EG im internationalen Umweltschutz.

Auf Vorschlag der →Kommission der EG hat der Rat der EG-Umweltminister (→Ministerrat der EG) im November 1989 die Gründung einer Europäischen Umweltagentur und die Errichtung eines europäischen Umweltinformations- und Beobachtungsnetzes beschlossen. Das →Europäische Parlament muß hierzu noch Stellung nehmen.

EG-Maßnahmen zum Umweltschutz

Seit 1972 wurden über 200 Umwelt-Richtlinien (→europäisches Gemeinschaftsrecht) erlassen, die von den Mitgliedstaaten in nationales Recht umgesetzt werden müssen. So gibt es EG-Richtlinien für die zulässigen Höchstwerte für Schadstoffe in Trink- und Grundwasser, für Schadstoffemissionen bei der Müllverbrennung, zum Artenschutz oder zur Umweltverträglichkeitsprüfung bei wirtschaftlichen oder industriellen Projekten.

Allerdings setzen die Mitgliedstaaten die EG-Richtlinien teilweise nur sehr langsam oder gar nicht in nationales

Recht um. So klagt die EG-Kommission z. B. gegen die Bundesrepublik Deutschland zur Zeit in 25 Fällen vor dem →Europäischen Gerichtshof (EuGH) wegen Nichtumsetzung verschiedener Umweltrichtlinien.

Aktuelle Themen

● **Schutz der Ozonschicht:** Die EG hat 1987 das Montrealer Protokoll zum Schutz der Ozonschicht mitunterzeichnet. Es trat am 1. Januar 1989 in Kraft und sieht eine Verminderung von Fluorkohlenwasserstoff (FCKW) um 50 % bis zum Jahr 2000 vor. Der Rat der EG-Umweltminister hat im März 1989 die Verschärfung des Montrealer Protokolls gefordert: völlige Beseitigung der FCKW bis

Europas kranke Wälder

Land	geschädigte Waldfläche
Irland	4 %
Italien	15 %
Frankreich	32 %
Schweden	32 %
Österreich	32 %
Norwegen	36 %
DDR	37 %
Belgien	46 %
CSSR	52 %
Bundesrepublik Deutschland	52 %
Schweiz	56 %
Großbritannien	56 %
Niederlande	57 %
UdSSR	68 %
Dänemark	61 %

Stand: 1987

zum Jahr 2000 und sofortige Reduzierung der Treibgasproduktion um 85 %.

- **Schutz der Meere:** Ab 1990 ist es in der EG verboten, Abfallstoffe aus der Herstellung von Titandioxid ins Meer einzuleiten oder Dünnsäure auf See zu verklappen.
- **Katalysatorpflicht:** Seit dem 1. Oktober 1988 ist die stufenweise Einführung des schadstoffarmen Autos EG-weit verbindlich. Ab 1. Januar 1993 gilt in der EG auch für Kleinwagen unter 1,4 l Hubraum die Katalysatorpflicht zur Einhaltung der amerikanischen Abgasnorm.

Verbraucherschutz, europäischer

Europäischer Verbraucherschutz gehört zu den unverzichtbaren Maßnahmen in einem großen europäischen →Binnenmarkt, zu dem die →Europäische Gemeinschaft (EG) bis zum 31. Dezember 1992 zusammenwachsen soll. Daher nimmt sich die EG seit langem auch dem Verbraucherschutz an, wobei ihre Vorhaben in erster Linie die Konsumgüterindustrie und den Handel betreffen. Die zu bewältigenden Aufgaben reichen von der Gewährleistung eines hohen Schutzniveaus bis zur sachgerechten Verbraucherinformation und Vertretung der Verbraucherinteressen.

Der →Ministerrat der EG hat in den letzten Jahren bereits eine Anzahl von Richtlinien (→Europäisches Gemeinschaftsrecht) erlassen, um eine →Rechtsangleichung (Harmonisierung) verbraucherrelevanter Rechts- und Verwaltungsvorschriften im Bereich der EG zu erreichen. Sie betreffen u. a.

- den Verbraucherkredit,
- die Haftung des Herstellers für fehlerhafte Produkte (Produkthaftung),
- die Haustürgeschäfte,
- verwechslungsfähige (›nachgeahmte‹) Konsumgüter,
- die Sicherheit von Spielzeug,
- den Schutz der Verbraucher bei der Angabe der Preise von Lebensmitteln sowie anderer Erzeugnisse.

Die Umsetzung dieser Richtlinien in das nationale Recht der EG-Mitgliedstaaten ist teilweise bereits erfolgt, teilweise noch in Vorbereitung.

Verfassung, europäische

Eine europäische Verfassung wäre die rechtliche Grundlage zur Schaffung einer →Europäischen Union (EU). Die europäische Verfassung müßte Aufbau, Zusammensetzung, Funktion und Arbeitsweise dieser EU, der politischen Einigung der →Europäischen Gemeinschaft (EG), festlegen und demokratisch legitimiert werden.

Erste Entwürfe

1982 setzte das →Europäische Parlament einen Verfassungsausschuß unter Vorsitz des italienischen Europaabgeordneten Altiero Spinelli ein. 1984 legte dieser Ausschuß dem Europaparlament den sog. **Spinelli-Entwurf**, den ersten Entwurf zur Gründung einer Europäischen Union, vor. Er räumt dem Europäischen Parlament größere Entscheidungsbefugnisse ein und sieht eine neue Kompetenzverteilung zwischen EU und den Mitgliedstaaten nach bundesstaatlichen (föderativen) und arbeitsteiligen (subsidiären) Prinzipien vor (→Bundesstaat). Der Spinelli-Entwurf wurde vom Parlament mehrheitlich gebilligt.
Die Christdemokraten im Europäischen Parlament legten 1983 einen eigenen Verfassungsentwurf vor, den sog. **Luster-/Pfennig-Entwurf**. Er orientiert sich stärker am föderativen Prinzip in Anlehnung an die Bund-Länder-Beziehung in der Bundesrepublik Deutschland.
1989 erhielt das neu gewählte Europäische Parlament vom →Europäischen Rat offiziell den Auftrag, eine Verfassung für die EU auszuarbeiten.

Verkehrspolitik, europäische

Eine europäische Verkehrspolitik besteht in Bestrebungen der 12 Mitgliedstaaten der →Europäischen Gemeinschaft

(EG), ihre nationale Verkehrspolitik aufeinander abzustimmen. Die rechtliche Grundlage für eine gemeinsame Verkehrspolitik in der EG ergibt sich aus dem Vertrag zur Gründung der →Europäischen Wirtschaftsgemeinschaft (EWG) von 1957.

Laut EWG-Vertrag ist u. a. ein gemeinsamer Verkehrsmarkt zu errichten, um das Ziel eines →Gemeinsamen Marktes zu erreichen. Einer europäischen Verkehrspolitik stellen sich danach u. a. folgende Aufgaben:

- das Aufstellen gemeinsamer Regeln für den internationalen Verkehr aus dem, nach dem und durch das Hoheitsgebiet eines Mitgliedstaates,
- das Festlegen von Zulassungsbedingungen für Verkehrsunternehmer innerhalb eines Mitgliedstaates, in dem sie nicht ansässig sind (→Kabotage),
- das Beseitigen von Diskriminierungen, die sich aus unterschiedlichen nationalen Beförderungsbedingungen auf denselben Verkehrsverbindungen für gleiche Güter ergeben,
- das Verbot von Frachten und Beförderungsbedingungen mit Unterstützungs- und Schutzcharakter für bestimmte Unternehmen oder Industrien,
- die gemeinsame Beratung und Durchführung der Verkehrsplanung und von Infrastrukturinvestitionen.
- die Berücksichtigung der Verkehrssicherheit und des Umweltschutzes,
- der Einsatz der Verkehrspolitik als Mittel der Regionalpolitik und Raumordnung.

Erfolge

Die gemeinsame Verkehrspolitik ist über Anfangserfolge bisher nicht hinausgewachsen. Noch immer zerfällt die EG in 12 mehr oder weniger hochregulierte nationale Verkehrsmärkte. Sie sind u.a. gekennzeichnet durch bi- und multilaterale →Kontingente, durch das Verbot der →Kabotage, Konzessionen und anderen Zulassungsbeschränkungen, die den freien Güterverkehr über die Grenzen hinweg stark einengen.
Aus diesen Gründen hat das →Europäische Parlament 1984 gegen den →Ministerrat der EG vor dem →Europäischen Gerichtshof (EuGH) Klage wegen Untätigkeit erhoben. Der EuGH kam in seinem »Untätigkeitsurteil« zu dem Ergebnis, daß der Ministerrat es unterlassen habe, die nach den →Römischen Verträgen vorgesehene →Dienstleistungsfreiheit im internationalen Verkehr sicherzustellen. Außerdem müsse der Ministerrat die Voraussetzungen dafür schaffen, daß Verkehrsunternehmer auch in EG-Staaten, in denen sie nicht ansässig sind, Güter befördern dürfen.
Dieses Urteil verlieh den Bemühungen um eine europäische Verkehrspolitik in der EG Nachdruck. Im Vordergrund steht dabei die →Liberalisierung des grenzüberschreitenden Güterverkehrs auf der Straße. 1988 einigte sich der Ministerrat darauf, vom 1. Januar 1993 an alle mengenmäßigen Marktzugangsbeschränkungen aufzuheben. Seit 1. Januar 1989 werden die Verkehrsbeziehungen zwischen den EG-Staaten im Straßengüterverkehr auf der Basis von Empfehlungspreisen abgewickelt.
Am 1. Juli 1990 tritt eine Verordnung in Kraft, die die

Bedingungen für die Zulassung von Verkehrsunternehmern zum Güterkraftverkehr innerhalb eines EG-Mitgliedstaates, in dem sie nicht ansässig sind, festlegt. Damit wird die Kabotage unter bestimmten begrenzten Voraussetzungen erstmals zugelassen.
Dennoch steht die Liberalisierung der EG-Verkehrsmärkte erst am Anfang. Auch Fortschritte bei der →Harmonisierung der Wettbewerbsbedingungen, insbesondere bei den Steuern (→Steuerpolitik, europäische) sind hierfür unabdingbar erforderlich, da eine zunehmende Liberalisierung zu einem intensiveren Wettbewerb zwischen den Spediteuren der EG-Mitgliedstaaten führen wird.

Zukünftige Aufgaben

Zu den wichtigsten Aufgaben einer europäischen Verkehrspolitik wird es in den 90er Jahren u. a. gehören,
- die Ballungsräume Europas vor dem drohenden Verkehrsinfarkt zu bewahren und zugleich die Randregionen besser mit den europäischen Zentren zu verbinden,
- durch Liberalisierung und Beseitigung von rechtlichen und tatsächlichen Hindernissen für die europäischen Transportströme die Voraussetzungen dafür zu schaffen, daß der europäische →Binnenmarkt ab 1. Januar 1993 den erhofften Wachstums- und Wohlstandsschub tatsächlich leisten kann.

Versicherungen

Der Versicherungsbereich gehört zu den Dienstleistungen (→Dienstleistungsfreiheit). Für Dienstleistungen, Personen, Waren und Kapital sollen im →Binnenmarkt 1992 innerhalb der →Europäischen Gemeinschaft (EG) die noch bestehenden →Handelshemmnisse beseitigt und der freie Verkehr ermöglicht werden. Schon jetzt kann ein Versicherungsunternehmen eines EG-Staates in allen anderen EG-Mitgliedstaaten Zweigniederlassungen oder Tochtergesellschaften gründen.

● **Rückversicherung:** Bei Rückversicherungen gibt es bereits den freien grenzüberschreitenden Dienstleistungsverkehr. Die Versicherung muß sich hier den Anforderungen des jeweiligen EG-Landes anpassen.

● **Schadenversicherung:** Im Juni 1988 verabschiedete der →Ministerrat der EG eine Richtlinie (→Europäisches Gemeinschaftsrecht), durch die es in Zukunft bei der Schadenversicherung von Großrisiken für Produktgestaltung und Vertriebswege keine aufsichtsrechtlichen Beschränkungen mehr geben wird.

● **Lebensversicherung:** Ab 1991 beginnt die Übergangsfrist bis zur völligen Liberalisierung für Lebensversicherungen 1994. Die Bürger der EG können ab 1991 bei einer Versicherung ihrer Wahl eine Lebensversicherung abschließen. Bis zum Ende der Übergangsfrist dürfen die Versicherungen jedoch noch keine aktive Werbung betreiben. Bis Ende 1990 soll die →Kommission der EG Vorschläge für eine Mindestharmonisierung ausarbeiten, über die der EG-Ministerrat bis Ende 1992 entscheiden soll. Bei Uneinigkeit kann die Übergangsfrist für Lebensversicherungen noch einmal verlängert werden.

Veto-Recht

Veto (lat.: ich verbiete) bezeichnet den Einspruch gegen einen Beschluß eines Gremiums durch ein Mitglied oder einen Mitgliedstaat.
Für Beschlüsse innerhalb der →Europäischen Gemeinschaft (EG) war durch die →Römischen Verträge von 1957 für eine Übergangsfrist bis 1965 fast ausschließlich Einstimmigkeit vorgeschrieben. Legte ein Mitgliedstaat im →Ministerrat der EG ein Veto ein, so kam der Beschluß nicht zustande.
Nach dieser Anfangsphase sollte ab 1965 der Übergang von der Einstimmigkeit zu Mehrheitsbeschlüssen erfolgen. Der Widerstand des französischen Staatspräsidenten Charles de Gaulle führte 1966 zum sog. →Luxemburger Kompromiß.

Volksdemokratie

Volksdemokratie ist die im bisherigen kommunistischen Machtbereich verwendete Bezeichnung für die Staatsform der Länder Mittel- und Südosteuropas, die nach dem Zweiten Weltkrieg kommunistisch regiert wurden.

Wahlen zum Europäischen Parlament

Bis zur Einführung der Direktwahl 1979 wurden die Mitglieder des Europäischen Parlaments (→MdEP) unter den Abgeordneten der nationalen Parlamente ausgewählt und ins → Europäische Parlament (EP) entsandt. Am 2. September 1976 verabschiedete der →Ministerrat der →Europäischen Gemeinschaft (EG) die sog. europäische Wahlakte, die den Weg für die Direktwahl der europäischen Abgeordneten freimachte. Diese Wahlakte ist von den nationalen Parlamenten angenommen worden und seit 1. Juli 1978 für alle EG-Staaten verbindlich.

Seit 1979 finden alle fünf Jahre die Europawahlen statt. Hier wählen die Bürger der 12 EG-Länder ihre nationalen Europaabgeordneten. Die Bundesrepublik Deutschland entsendet 81 Abgeordnete von insgesamt 518 Europaabgeordneten ins EP. Obwohl die →Römischen Verträge ein einheitliches, für alle EG-Mitgliedstaaten gültiges Europawahlrecht fordern, erfolgt bislang die Wahl zum EP nach nationalem Wahlrecht. So ist es möglich, daß z.B. ein deutscher Europaabgeordneter rund 750 000 deutsche Bürger vertritt, ein Europaabgeordneter aus den Niederlanden dagegen 500 000 und ein Abgeordneter aus Luxemburg nur 50 000 Bürger seines Landes repräsentiert.

Das deutsche Europawahlgesetz

Das Wahlverfahren in der Bundesrepublik Deutschland wird durch das – nationale – Europawahlgesetz (EuWG) geregelt, das am 16. März 1978 vom Deutschen Bundestag einstimmig verabschiedet und am 30. März 1988 zum Teil neugefaßt wurde. Das EuWG enthält Bestimmungen über das Wahlsystem, das Wahlgebiet, die Wahlkreiseinteilung, das aktive und passive Wahlrecht, die Stellung der Auslandsdeutschen, das Wahlvorschlagsrecht, die Wahlprüfung und die Erstattung der Wahlkampfkosten.

Wie in den übrigen EG-Ländern ist auch die deutsche Europawahl eine Verhältniswahl (**Ausnahme:** Großbritannien).

Das deutsche EuWG läßt den Parteien die Wahl zwischen Landeslisten und Bundeslisten. Bei der Landesliste kandidieren für jedes Bundesland die regionalen Kandidaten einer Partei, bei der Bundesliste kandidieren alle Kandidaten einer Partei für das gesamte Bundesgebiet. Zur Wahl stellen dürfen sich alle politische Parteien und sonstige mitgliedschaftlich organisierte politische Vereinigungen.

Einschränkung: Parteien, die nicht im Deutschen Bundes-

Wahlen zum Europäischen Parlament

Ergebnisse in der Bundesrepublik Deutschland

	1984			1989		
	Stimmen	%	Sitze im EP	Stimmen	%	Sitze im EP*)
CDU	9 463 108	37,5	34	8 334 433	29,6	24
CSU	2 144 971	8,5	7	2 324 655	8,2	7
SPD	9 437 873	37,4	33	10 524 859	37,3	30
FDP	1 211 278	4,8	–	1 576 280	5,6	4
Die Grünen	2 069 266	8,2	7	2 381 278	8,4	7
DKP	112 055	0,4	–	–	–	–
Republikaner	–	–	–	2 005 555	7,1	6
Sonstige	108 500	0,4	–	1 056 206	3,8	–

Wahlberechtigt: 44 451 980 Personen 1984
45 723 901 Personen 1989

*) Dazu drei Mandate vom Berliner Abgeordnetenhaus: 1 CDU, 1 SPD, 1 Alternative Liste

tag vertreten sind, brauchen für die Zulassung in die Bundesliste 4 000 Unterschriften, für die Landesliste 2 000 Unterschriften.

Wie in den übrigen EG-Ländern gilt auch beim deutschen Europawahlsystem die 5%-Klausel (**Ausnahme:** Frankreich). Das heißt, bei der Sitzverteilung der 81 verfügbaren deutschen Mandate im EP werden nur die Parteien berücksichtigt, die mindestens 5% der abgegebenen Stimmen bei der Europawahl erreicht haben. Die Wahlkampfkosten werden den an der Europawahl zugelassenen Parteien pauschal je nach Anzahl der abgegebenen Stimmen erstattet. Die Wahlkampfpauschale beträgt pro Wahlberechtigten 5 DM bei mindestens 0,5% der Wählerstimmen.

Berlin (West)

Die drei Europaabgeordneten von Berlin (West) werden aufgrund der bestehenden Rechte und Verantwortlichkeiten der drei Westalliierten gemäß dem Viermächte-Abkommen von 1971 nicht direkt von den Bürgern gewählt. Die Berliner Europaabgeordneten werden – wie die Berliner Bundestagsabgeordneten – vom Abgeordnetenhaus der Stadt Berlin gewählt. Sie haben dieselben Rechte wie alle anderen Mitglieder des Europäischen Parlaments.

Währungsschlange

Die sog. Europäische Währungsschlange war ein Wechselkursverbund der → Europäischen Gemeinschaft (EG). Sie wurde Anfang 1979 durch das → Europäische Währungssystem (EWS) abgelöst.

Die Währungsschlange geht auf einen Stufenplan für eine → Wirtschafts- und Währungsunion (WWU) zurück, den die EG-Staaten 1971 verabschiedet hatten. Es wurde beschlossen, die Bandbreite, in der die Kurse der EG-Währungen untereinander frei schwanken können, einzugrenzen. 1972 wurde diese EG-interne Bandbreite auf Abweichungen von plus/minus 2,25 % begrenzt. Zusätzlich wurde ein gemeinschaftliches Beistandssystem eingeführt.

Warschauer Pakt

Der Warschauer Pakt (WP) wurde als eine Militärallianz durch den Vertrag über Freundschaft, Zusammenarbeit und gegenseitigen Beistand am 14. Mai 1955 auf 20 Jahre geschlossen und ist neben dem bereits 1949 gegründeten →Rat für Gegenseitige Wirtschaftshilfe (RGW, Comecon) die wichtigste multinationale Organisation der Staaten Osteuropas.

Mitglieder

Dem WP gehören heute 7 Staaten an: Bulgarien, die DDR, Polen, Rumänien, die Sowjetunion, die Tschechoslowakei und Ungarn. Im Verlauf der ungarischen Volkserhebung für demokratische Freiheiten im Herbst 1956 kündigte Ungarn seine Mitgliedschaft; durch das Eingreifen der sowjetischen Armee wurde die Freiheitsbewegung gewaltsam unterdrückt und die Kündigung rückgängig gemacht. Im September 1968 kündigte Albanien seine Mitgliedschaft aus Protest gegen die militärische Intervention von fünf Paktstaaten in der Tschechoslowakei (an der sich auch Rumänien nicht beteiligte).
Da im übrigen kein Mitglied von der Möglichkeit Gebrauch gemacht hat, den Vertrag ein Jahr vor Ablauf der 20jährigen Frist zu kündigen, blieb er weitere 10 Jahre – also bis 1985 – in Kraft. Im April 1985 wurde eine weitere Verlängerung um 20 Jahre beschlossen.

Ziele des WP

Die Sowjetunion verband mit dem Zusammenschluß der osteuropäischen Staaten im WP vor allem drei Ziele:

1. die militärische Kooperation und Verteidigungsbereitschaft innerhalb des eigenen Einflußbereiches zu verbessern,
2. eine Rechtsgrundlage für die Stationierung sowjetischer Truppen in einzelnen WP-Staaten zu schaffen und
3. der westlichen Verteidigungsallianz, die durch die Aufnahme der Bundesrepublik Deutschland in die →NATO und die →Westeuropäische Union (WEU) gestärkt wurde, ein mulilaterales Bündnis entgegenzusetzen.

Struktur und Organisation

Bis zur Umstrukturierung der Allianz 1969 besaß der WP nur zwei militärische Organe: das Vereinigte Kommando und den Stab der Vereinigten Streitkräfte.

- **Das Vereinigte Kommando:** Es soll insbesondere die Verteidigungsfähigkeit des WP erhalten und stärken, für den Kriegsfall militärische Operationspläne ausarbeiten, koordinieren und über die Truppenverteilung entscheiden.
- **Der Stab der Vereinigten Streitkräfte:** Er behandelt u. a. Fragen des militärischen Aufbaus, der Ausbildung, Bewaffnung und Ausrüstung der Streitkräfte und der Truppenorganisation. Er leitet gemeinsame Übungen und Manöver der Armeen.

Seit der Neustrukturierung der Allianz im März 1969 ist das Komitee der Verteidigungsminister der Mitgliedstaaten des WP das wichtigste militärische Führungsorgan.

● **Das Komitee der Verteidigungsminister:** Dem Komitee gehören die Verteidigungsminister der sieben Mitgliedstaaten, der Oberkommandierende der Vereinigten Streitkräfte und der Chef des Stabes der Vereinigten Streitkräfte an. Es erarbeitet koordinierte »Empfehlungen zur Festigung der kollektiven Verteidigungsmacht der Teilnehmerstaaten und zur Erhöhung der Gefechtsbereitschaft der Armeen«.
Das Komitee der Verteidigungsminister wird in seiner Arbeit von dem ebenfalls 1969 neu gebildeten Militärrat der Vereinigten Streitkräfte unterstützt.
● **Der Militärrat der Vereinigten Streitkräfte:** Ihm gehören neben dem Oberkommandierenden und dem Chef des Stabes der Vereinigten Streitkräfte die Stellvertretenden Verteidigungsminister der Vertragsstaaten an. Der Militärrat befaßt sich mit der Verbesserung der Ausbildung der Truppen und Stäbe sowie mit Fragen der aktuellen Gefechtsbereitschaft der Streitkräfte.

Entwicklung und Bedeutung

In der ersten bis 1960 reichenden Phase des Paktes blieb das politische wie militärische Gewicht des Bündnisses gering. Die Ereignisse in Polen und Ungarn im Herbst 1956 und vor allem die bewaffnete Niederschlagung der ungarischen Volkserhebung durch die Sowjetunion wirkten sich auf die militärische Integrationsbereitschaft der übrigen Mitgliedstaaten negativ aus. Erst Anfang der 60er Jahre entwickelte sich die Kooperation der Paktstaaten sowohl im militärischen als auch im politischen Bereich.
Im Verlauf der 60er Jahre wurde das Bündnis von der

Sowjetunion zunehmend auch dafür nutzbar gemacht, eine gemeinsame Ostpolitik der Mitgliedstaaten zu koordinieren und – falls nötig – unbotmäßige Vertragspartner zu disziplinieren. Ein besonders einschneidendes Beispiel dieser Disziplinierungsfunktion bildete die großangelegte militärische Intervention von fünf Paktstaaten am 21. August 1968 in der Tschechoslowakei, die der damaligen Entwicklung zu einem demokratischen Sozialismus in der ČSSR, dem sog. Prager Frühling, ein jähes Ende setzte.
Die im Anschluß daran formulierte Doktrin von der eingeschränkten →Souveränität der kommunistischen Staaten – im Westen »Breschnew-Doktrin« genannt –, wies dem WP ein militärisches Interventionsrecht zur Erhaltung des Sozialismus und damit die Rolle eines Wächters darüber zu, daß der politische Status quo in den Mitgliedstaaten von der jeweiligen politischen Führung nicht angetastet wird. Das militärische Gewicht des WP hat seit der Gründung der Allianz ständig zugenommen. Eine besondere Rolle spielen gemeinsame Übungen von Truppen, Flotten und Stäben, die die Situation des Bündnisfalles bereits in Friedenszeiten möglichst umfassend vorbereiten sollen.
Im Rahmen der Abrüstungsverhandlungen zwischen den Mitgliedern des WP auf der einen und der NATO auf der anderen Seite (→Abrüstung) werden sich Aufgaben und Charakter dieser beiden militärischen Bündnisse voraussichtlich ändern. Auf dem sich angesichts dramatischer Entwicklungen in Osteuropa abzeichnenden Weg von einer Konfrontation der Militärblöcke hin zu einer Kooperation sind die Bündnisse Garanten für Stabilität. Ihre Funktionen werden politischer werden. Sie werden entscheidende Hilfestellungen leisten beim Aufbau kooperativer Sicher-

heitsstrukturen in ganz Europa, in denen sie in einer längerfristigen Entwicklung möglicherweise aufgehen könnten.

Weißbuch

Im »Weißbuch zur Vollendung des Binnenmarktes« legte die → Kommission der → Europäischen Gemeinschaft (EG) einen Katalog von rund 300 Vorschlägen und Einzelmaßnahmen vor, die zur Beseitigung der Grenzen innerhalb der EG notwendig sind, um bis 31. Dezember 1992 den europäischen → Binnenmarkt zu verwirklichen.
Das Weißbuch wurde auf dem Gipfeltreffen der Staats- und Regierungschefs der EG am 28./29. Juni 1985 verabschiedet. Es unterscheidet zwischen materiellen, technischen und steuerlichen Schranken, die zu beseitigen sind, damit von einem wahren Binnenmarkt gesprochen werden kann.

● **Materielle Schranken:** Hierzu gehören die Waren- und Personenkontrollen an den Binnengrenzen der EG. Die Abschaffung der Personenkontrollen setzt eine enge Zusammenarbeit zwischen den Behörden der Mitgliedstaaten sowie die → Harmonisierung des Drogenrechts, des Waffenrechts und der Asylbestimmungen voraus. Der völlige Abbau der → Grenzkontrollen für den Warenverkehr erfordert jedoch die → Rechtsangleichung der indirekten Steuern (Mehrwert- und Verbrauchssteuern). → Schengener Abkommen

- **Technische Schranken:** Die Mehrzahl der im Weißbuch vorgeschlagenen Maßnahmen bezieht sich auf die Beseitigung der technischen Schranken, d.h. technischer Regelungen, Normen und Prüfverfahren, die den freien Waren-, Personen-, Dienstleistungs- und Kapitalverkehr innerhalb der Gemeinschaft behindern können.
- **Steuerliche Schranken:** Hier wirken sich in erster Linie die indirekten Steuern hemmend aus, mit denen innerhalb der EG Waren und Dienstleistungen zum Teil sehr unterschiedlich belastet werden (→Steuerpolitik). Bei der Mehrwertsteuer schwanken die Sätze trotz gleicher Bemessungsgrundlage von 0 bis 38%. Bei den speziellen Verbrauchssteuern – u.a. auf Alkohol, Tabak, Mineralöl – konnte in den letzten 30 Jahren weder eine Angleichung der Bemessungsgrundlage noch der Steuersätze erreicht werden.

Stand der Ergebnisse

Bisher hat der →Europäische Rat über ein Drittel der Maßnahmen des Weißbuchs als Verordnungen, Richtlinien, Entscheidungen oder Empfehlungen angenommen. In einer Frist von mindestens zwei Jahren müssen die nationalen Behörden der Mitgliedstaaten diese Beschlüsse in nationales Recht umsetzen und anwenden.
Über den Stand der Durchführung des Weißbuchs zur Vollendung des Binnenmarktes legt die Kommission dem → Europäischen Rat und dem → Europäischen Parlament jährlich einen Bericht vor.

Werner-Plan

1969 beauftragten die Staats- und Regierungschefs der →Europäischen Gemeinschaft (EG) den luxemburgischen Ministerpräsidenten und Finanzminister Pierre Werner, Vorschläge für die Verwirklichung einer →Wirtschafts- und Währungsunion auszuarbeiten. Der sog. Werner-Plan wurde 1970 vorgelegt. In drei Phasen sollte von 1971–1980 die Wirtschafts- und Währungsunion erreicht werden. Die Kerngedanken des Werner-Plans sind:

1. Koordinierung der Wirtschafts- und Währungspolitik mit dem Ziel, die Wechselkursschwankungen zu beseitigen.
2. Übertragung nationaler Befugnisse auf gemeinsame EG-Institutionen durch Errichtung einer Zentralbank.

Wegen Meinungsunterschieden über die Ausgestaltung des Werner-Plans in der Praxis kam der Plan nicht über ein Anfangsstadium hinaus. →Europäisches Währungssystem (EWS)

Westeuropäische Union

Nach dem Scheitern der →Europäischen Verteidigungsgemeinschaft (EVG) wurde am 23. Oktober 1954 in Paris die Westeuropäische Union (WEU) gegründet. Sie ist die

Erweiterung des sog. Brüsseler Pakts von 1948, des ersten Nachkriegsbündnisses westeuropäischer Staaten, das im wesentlichen als antideutsches Verteidigungsbündnis gedacht war (→Westunion).

Die heutigen 9 Mitglieder der WEU sind Belgien, die Bundesrepublik Deutschland, Frankreich, Großbritannien, Italien, Luxemburg, die Niederlande sowie seit November 1988 Portugal und Spanien. Die WEU schuf die Voraussetzungen für den Eintritt der Bundesrepublik Deutschland in die →NATO.

Organe

Die Organe der WEU sind

- **der Rat der WEU:** Er besteht aus den Außen- und Verteidigungsministern der Mitgliedstaaten; ihm sind als wichtigstem Organ der WEU alle bedeutsamen politischen und militärischen Entscheidungen vorbehalten.
- **der Ständige Rat:** Er besteht aus den in London akkreditierten Botschaftern der Mitgliedstaaten und ist für die Kontinuität der Tätigkeiten des Rates der WEU verantwortlich.
- **die Parlamentarische Versammlung:** Sie tagt jährlich einmal in Paris und setzt sich aus insgesamt 89 Vertretern zusammen, die von den Mitgliedstaaten entsandt werden.
- **das Generalsekretariat:** Das Generalsekretariat in London führt die laufenden Arbeiten durch.
- **die Unterorgane in Paris:** Das Amt für Rüstungskontrolle, der Ständige Rüstungsausschuß sowie die 1986 gegründeten drei Sicherheitsagenturen.

Ziele und Aufgaben

Die WEU ist eine europäische Sicherheitsgemeinschaft mit automatischer Beistandsverpflichtung. Sie verfügt heute über keine eigene Verteidigungsorganisation mehr, da sie insoweit ein Teil der NATO geworden ist. Durch eine deutsch-französische Initiative wurde die WEU zu Beginn der 80er Jahre aber als Diskussionsforum wiederbelebt. Die WEU-Beschlüsse von Rom 1984 und die sog. Sicherheits-Plattform von Den Haag 1987 sehen das Ziel der WEU in der Stärkung des europäischen Pfeilers der NATO und im Aufbau einer europäischen Sicherheitsunion. Diese Ziele sind bisher jedoch noch nicht erreicht worden. Auf der Tagung des WEU-Rates im November 1989 in Brüssel wurde die Errichtung eines Europäischen Instituts für Sicherheitsfragen mit Sitz in Paris sowie die Entwicklung eines eigenen WEU-Erdbeobachtungssystems im Weltraum beschlossen.

Westintegration

Mit Westintegration oder Westbindung wurde nach dem Zweiten Weltkrieg die Politik Konrad Adenauers beschrieben, die seit 1949 konsequent eine immer engere Zugehörigkeit der Bundesrepublik Deutschland zu der Staatengemeinschaft des Westens anstrebte. Ohne das Ziel der Wiedervereinigung außer acht zu lassen, sollte die Politik der Westintegration zunächst die volle Souveränität, die

Sicherheit und die Freiheit der Bundesrepublik Deutschland gewährleisten. Dies schien am ehesten erreichbar zu sein durch die enge Anlehnung an die USA, die Aussöhnung mit Frankreich und die Einbindung in westliche Organisationen und Bündnisse.
Die Westintegration bildet heute ein wesentliches Element der Sicherheits-, der Außen- und der Innenpolitik der Bundesrepublik Deutschland:
Der **sicherheitspolitische** Aspekt der Westintegration kommt zum Ausdruck in der Zugehörigkeit zur →NATO und zur → Westeuropäischen Union, in der nuklearen Schutzgarantie der USA für und deren Truppenpräsenz in der Bundesrepublik Deutschland und in Europa. Der eigene Verteidigungsbeitrag der Bundesrepublik Deutschland ermöglicht ihre gleichberechtigte Mitsprache innerhalb der NATO.
Außenpolitisch ist die Westintegration vor allem gekennzeichnet durch die Integration der Bundesrepublik Deutschland in die →Europäische Gemeinschaft (EG) und in die institutionalisierte enge deutsch-französische Zusammenarbeit (→Deutsch-Französischer Vertrag). Ein weiteres Beispiel der Westbindung ist die Teilnahme der Bundesrepublik Deutschland am Weltwirtschaftsgipfel, der jährlich stattfindenden Konferenz der Staats- und Regierungschefs der sieben größten Industrienationen des Westens (einschließlich Japans).
Innenpolitisch fand und findet die Westbindung ihren Ausdruck in der freiheitlich-demokratischen Verfassungsordnung der Bundesrepublik Deutschland.

Westunion

In der Westunion, auch Brüsseler Pakt genannt, schlossen sich am 17. März 1948 auf britische Initiative hin Frankreich, Großbritannien und die →Benelux-Staaten zu einem Verteidigungsbündnis zusammen.

Ziel

Gemäß der Präambel des Vertrages handelte es sich um eine Allianz gegen einen möglichen deutschen Angriff. Es sollte jedoch auch der bei Vertragsabschluß bereits sichtbaren Bedrohung durch die Sowjetunion begegnet werden. Der Vertrag verpflichtet jedes der Partnerländer zu gemeinsamer Abwehr eines jeden bewaffneten Angriffs auf einen der Vertragsstaaten in Europa.

Entwicklung

Die Verschärfung des Ost-West-Konflikts, insbesondere die Blockade Berlins durch die Sowjetunion 1948/49, führte zur Errichtung der →NATO. Ihr wurde der militärische Teil der Westunion weitgehend übertragen. Die Westunion wurde im Oktober 1954 durch den Beitritt der Bundesrepublik Deutschland und Italiens zur →Westeuropäischen Union umgewandelt. Gleichzeitig wurden die gegen Deutschland und einen deutschen Angriff gerichteten Bestimmungen des Brüsseler Vertrages vom März 1948 gestrichen.

Wirtschafts- und Sozialausschuß

Im Wirtschafts- und Sozialausschuß (WSA) der →Europäischen Gemeinschaft (EG) sind die Vertreter der wirtschaftlichen und sozialen Gruppen zusammengeschlossen. Sie bilden drei große Gruppen: Arbeitgeber, Arbeitnehmer und sonstige Interessenverbände, z.B. Landwirtschaft, Verbraucher, freie Berufe usw.

Der WSA besteht aus 189 Mitgliedern aus allen 12 Mitgliedstaaten der EG: Bundesrepublik Deutschland, Großbritannien, Frankreich und Italien haben je 24 Mitglieder, Spanien 21, Belgien, Niederlande, Griechenland und Portugal je 12, Dänemark und Irland je 9 und Luxemburg 6 Mitglieder. Die Mitglieder werden vom →Ministerrat der EG auf Vorschlag der Regierungen für vier Jahre ernannt. Die Tätigkeit im WSA ist nebenberuflich.

In wichtigen Bereichen, die die Vollendung des →Binnenmarktes betreffen, müssen der EG-Ministerrat und die →Kommission der EG den WSA anhören. So im Bereich der →Agrarpolitik, der →Freizügigkeit, des Niederlassungsrechts (→Niederlassungsfreiheit), des freien Dienstleistungsverkehrs (→Dienstleistungsfreiheit), der →Rechtsangleichung, der →Verkehrspolitik und der →Sozialpolitik. Der WSA kann zu Vorschlägen und Gesetzesentwürfen der Gemeinschaft Stellungnahmen abgeben. Sie sind Empfehlungen und haben beratenden Charakter.

Der WSA ist für zwei Bereiche der EG zuständig: für die →Europäische Wirtschaftsgemeinschaft (EWG) und die →Europäische Atomgemeinschaft (EAG). Die →Europäische Gemeinschaft für Kohle und Stahl (EGKS) hat einen eigenen Beratenden Ausschuß mit 96 Mitgliedern. Sie setzen sich zur gleichen Anzahl aus Vertretern der Arbeitgeber, Arbeitnehmer, Verbraucher und Händler zusammen.

Wirtschafts- und Währungsunion

Wirtschaftsunion

In einer Wirtschaftsunion verpflichten sich die Partnerstaaten, ihre nationale Wirtschaftspolitik aufeinander abzustimmen. Es können auch übernationale Institutionen geschaffen werden, die bestimmte Bereiche der Wirtschaftspolitik als gemeinsame Aufgabe aller Mitglieder ausführen.

Währungsunion

Grundlage einer Währungsunion ist eine gemeinsame Währung. Sie berührt daher nationale Interessen und Hoheitsrechte in erheblichem Maße, denn sie begrenzt die

Möglichkeit des einzelnen Staates, durch Geldpolitik die Konjunktur zu steuern. Die in der →Europäischen Gemeinschaft (EG) bereits bestehende Währungseinheit →ECU ist noch keine gemeinsame Währung, sondern lediglich eine Rechengröße.

Die EG als Wirtschafts- und Währungsunion (WWU)

Die EG strebt die WWU als Ziel an. Schon 1970 hatte eine Arbeitsgruppe unter Vorsitz des ehemaligen Premier- und Finanzministers von Luxemburg, Pierre Werner, einen Bericht über die Chancen einer WWU erarbeitet und einen Stufenplan vorgelegt (→Werner-Plan).
Dieser Plan war seinerzeit nicht erfolgreich. Die darin beschriebene Notwendigkeit aber, bei einer Verwirklichung der WWU gleichzeitig wirtschaftspolitische sowie währungspolitische Anpassungen zu berücksichtigen, wird heute vom sog. →Delors-Bericht wieder aufgegriffen. Auch er stellt einen Stufenplan vor; er spricht sich für eine schrittweise Annäherung an das Ziel der WWU aus und verzichtet auf zeitliche Festlegungen.

Der Stufenplan

Der →Europäische Rat sieht im Delors-Bericht eine gute Grundlage für weitere Arbeiten. Nach dem Ratsbeschluß vom 26./27. Juni 1989 in Madrid soll am 1. Juli 1990 die erste Stufe einer schrittweisen Fortentwicklung der EG zu einer WWU eingeleitet werden. In dieser ersten Stufe

sollen Wirtschafts- und Währungspolitik der EG-Mitgliedstaaten besser aufeinander abgestimmt, der Plan des europäischen →Binnenmarktes verwirklicht und die uneingeschränkte Teilnahme aller EG-Währungen am Wechselkursmechanismus des →Europäischen Währungssystems (EWS) erreicht werden.
In einer zweiten Stufe soll ein europäisches System der Zentralbanken geschaffen werden, das aus dem Rat der EG-Notenbankgouverneure hervorgeht. Alle währungspolitischen Aufgaben sollen diesem System der Zentralbanken schrittweise übertragen werden.
In der dritten Stufe schließlich sollen die Wechselkurse im EWS unwiderruflich festgeschrieben, der ECU eine echte Währung und die Empfehlungen des →Ministerrates der EG in der Finanz-, Wirtschafts- und Haushaltspolitik für alle EG-Mitgliedstaaten bindend werden.
Auf dem EG-Gipfel am 8./9. Dezember 1989 hat der Europäische Rat die Einberufung einer Regierungskonferenz der 12 EG-Staaten für Dezember 1990 beschlossen. Sie soll bis 1991 den Vertrag über die WWU ausarbeiten und konkrete Schritte für die zweite und dritte Stufe festlegen. Der Vertrag muß anschließend von den 12 nationalen Parlamenten ratifiziert werden.
Da die Verwirklichung der WWU nicht nur die Geld- und Währungspolitik der einzelnen Mitgliedstaaten berührt, sondern auch in das Haushaltsrecht der nationalen Parlamente eingreift, ist Großbritannien zwar gegen den Ratsbeschluß, hat jedoch seine Mitarbeit in der Regierungskonferenz zugesagt.

Zahlmeister

Die Bundesrepublik Deutschland ist, rein fiskalisch betrachtet, der mit Abstand bedeutendste Nettozahler unter den 12 Mitgliedstaaten der → Europäischen Gemeinschaft (EG) – sowohl nach Gesamtbetrag als auch je Einwohner gerechnet. So hat die Bundesrepublik Deutschland 1987 20,2 Milliarden DM in den → Haushalt der EG eingezahlt, aber nur 9,8 Milliarden DM an Leistungen aus dem Haushalt empfangen.
Das Argument, die Bundesrepublik Deutschland sei deshalb der ›Zahlmeister Europas‹, ist jedoch einseitig und wird dem Kosten-Nutzen-Verhältnis der deutschen Mitgliedschaft in der EG nicht gerecht. Die Vorteile, die ein Mitgliedstaat aus einer Zugehörigkeit zur EG zieht, lassen sich nicht allein an Haushaltsrechnungen bemessen. Wirtschaftliche und politische Faktoren müssen ebenso berücksichtigt werden. Sie können sogar wichtiger sein als die Zahlen, die im Gemeinschaftshaushalt stehen.

Volkswirtschaftliche Faktoren

Der Handel innerhalb der EG hat sich überdurchschnittlich entwickelt und ist um fast ein Drittel stärker gewachsen als der allgemeine Welthandel:
- Mehr als die Hälfte des gesamten Exports der Bundesrepublik Deutschland geht in die EG (1987: 52,7 %).
- Im Handel mit den EG-Staaten erzielt die deutsche Wirtschaft Überschüsse (1988: ca. 81 Milliarden DM).

- Von der EG hängen in der Bundesrepublik Deutschland schätzungsweise rund 7 Millionen Arbeitsplätze ab.

Neben diesen direkten gesamtwirtschaftlichen Vorteilen erwachsen der deutschen Industrie und der mittelständischen Wirtschaft auch indirekt Vorteile, die sich aus einem großen Wirtschaftsraum und durch eine produktivitätssteigernde Arbeitsteilung innerhalb der EG ergeben. Zu den ökonomischen Faktoren zählt schließlich die Zusammenarbeit bei technologischen und forschungspolitischen Projekten, für die jedes einzelne Mitgliedsland wirtschaftlich nicht stark genug wäre. Hierzu gehören der europäische Flugzeugbau (→Airbus), die Produktion von Nachrichten- und Wettersatelliten, die Kernforschung oder die Informations- und Biotechnologie (→Forschung).

Ökologische Faktoren

Nicht in Haushaltszahlen auszudrücken sind auch die Möglichkeiten einer grenzübergreifenden Kooperation im →Umweltschutz. Die Zusammenarbeit innerhalb der EG ermöglicht es, notwendige Umweltschutzmaßnahmen gezielt gemeinsam in Angriff zu nehmen.

Politische Faktoren

Jedes europäische Land kann für sich allein nur begrenzt politischen Einfluß auf die Weltpolitik geltend machen. Gemeinsam können die Mitgliedstaaten der EG ihre Interessen wirksamer vertreten. So kann eine koordinierte Politik friedenfördernd wirken, wie etwa auf den Nachfolgekonferenzen für Sicherheit und Zusammenarbeit in Europa (→KSZE). Durch das →Lomé-Abkommen hat die EG enge Beziehungen zu 68 Entwicklungsländern Afrikas, der Karibik und des Pazifik (→AKP-Staaten) geknüpft und als Partner der Dritten Welt an Gewicht gewonnen.

Binnenmarkt 1992

Die Entwicklung eines großen →Binnenmarktes bis zum 31. Dezember 1992 eröffnet der EG weitere Chancen, bedeutende zusätzliche Wachstumsimpulse auszulösen. Der Binnenmarkt läßt die europäischen Volkswirtschaften zusammenwachsen und fördert den sozialen Zusammenhalt der Mitgliedstaaten. Er verbessert gleichzeitig die wirtschaftliche und technologische Wettbewerbsfähigkeit Europas gegenüber den Konkurrenten in Nordamerika und im pazifischen Raum.

Zölle

Zölle sind Abgaben, die der Staat an der Grenze auf die Einfuhr, Ausfuhr oder Durchfuhr von Waren erhebt. Zölle sind in der →Europäischen Gemeinschaft (EG) seit Gründung der →Zollunion 1968 abgeschafft. Gegenüber den später beigetretenen Ländern Großbritannien, Irland und Dänemark wurden die Zölle 1977, gegenüber Griechenland 1985 abgebaut.

Für Spanien und Portugal gelten bis 1993 Übergangsregelungen. Aufgrund der unterschiedlichen Steuersätze in den einzelnen EG-Ländern z. B. für Kaffee, Alkohol, Tabak oder Luxusgüter werden an der Grenze ab einer bestimmten Menge Abgaben erhoben (→Grenzkontrollen). Um diese Abgaben bis zur Verwirklichung des europäischen →Binnenmarktes zum 31. Dezember 1992 zu beseitigen, ist eine Harmonisierung (→ Rechtsangleichung) der indirekten Steuern notwendig (→Steuerpolitik).

Zollunion

Eine Zollunion entsteht, wenn sich zwei oder mehrere Staaten zu einem einheitlichen Zollgebiet zusammenschließen. In einer Zollunion sind nicht nur wie in einer →Freihandelszone die →Zölle und Handelsbeschränkungen im Handel untereinander beseitigt, sondern auch die unterschiedlichen nationalen Außenzölle. In einer solchen Union gibt es einen gemeinsamen Außenzoll gegenüber Drittländern. Beispiel für eine Zollunion ist die →Europäische Gemeinschaft (EG). Die Zollunion ist eine Vorstufe zum →Binnenmarkt.
In den 6 Gründungsstaaten der EG wurde die Zollunion im gewerblichen Bereich am 1. Juli 1968, im landwirtschaftlichen Bereich am 1. Januar 1970 vollendet. Heute bilden 10 EG-Staaten eine Zollunion; Portugal und Spanien werden nach der vereinbarten Übergangszeit ab dem 1. Januar 1993 in die Union einbezogen.

Register

Bildquellennachweis

dpa, Deutsche Presse-Agentur GmbH, Frankfurt/Main: Seite 18/19, 115, 132

PAP, Press Association Photo: Seite 84

Presse- und Informationsamt der Bundesregierung, Bundesbildstelle, Bonn: Seite 47, 80, 105, 113, 135, 157, 165, 211, 215

Zeichnungen: Herbert Bosbach